切·格瓦拉传

李慧敏◎著

时代文艺出版社

图书在版编目（CIP）数据

切·格瓦拉传 / 李慧敏著. —长春：时代文艺出版社，2016.4（2023.7重印）

ISBN 978-7-5387-5123-9

Ⅰ.①切… Ⅱ.①李… Ⅲ.①格瓦拉，E.（1928～1967）－传记 Ⅳ.①K837.517=5

中国版本图书馆CIP数据核字（2016）第001737号

出 品 人　陈　琛

责任编辑　孟宇婷

装帧设计　孙　利

排版制作　隋淑凤

切·格瓦拉传

李慧敏　著

出版发行 / 时代文艺出版社

地址 / 长春市福祉大路5788号　龙腾国际大厦A座15层　邮编 / 130118

总编办 / 0431-81629751　发行部 / 0431-81629755

官方微博 / weibo.com / tlapress　天猫旗舰店 / sdwycbsgf.tmall.com

印刷 / 北京市一鑫印务有限公司

开本 / 710mm×1000mm　1 / 16　字数 / 144千字　印张 / 12

版次 / 2016年4月第1版　印次 / 2023年7月第3次印刷　定价 / 36.00元

目 录
Contents

切·格瓦拉，美洲一位伟大的革命家，他的一生颇具传奇色彩，得到了无数人的称赞，人们称他为"人间的耶稣""红色罗宾汉""拉丁美洲的加里波第"。在很多电影、纪录片、回忆录里，经常能见到他的身影。

其中，广为流传的是著名摄影师阿尔贝托·科尔达为格瓦拉拍摄的一张照片，这张照片名叫"英勇的游击队员"，它是"世界上最著名、最具魄力的照片"，很多热血青年的T恤上都印有这张照片。

毫无疑问，格瓦拉是拉丁美洲革命的引导者，是骑士化游击战最成功的发扬者，在他举起武器，勇敢地投入到解放战争中的时候，世界上很多国家正处于分裂或被殖民的状态，整个拉丁美洲被各类独裁政府霸占，人民生活在水深火热之中。而当时深受格瓦拉影响的南非国父曼德拉还是一名默默无闻的律师。

格瓦拉把一生的精力都投入到革命之中，他曾加入到菲德尔·卡斯特罗领导的古巴革命中，帮助古巴人民推翻了巴蒂斯塔的独裁政府，也因此在古巴担任过很多要职。后来，他为了继续宣扬自己的革命理想，果断走出古巴，来到非洲，投入刚果、玻利维亚等国的革命斗争中。然而，在格瓦拉三十九岁那一年，由于被内奸出卖，他于玻利维亚境内被捕，遭到枪决。

在古巴人民心中，格瓦拉是一位真正的伟人。他不仅靠顽强的斗争帮助古巴人获得了解放，而且在胜利后的古巴经济建设中，为古巴做了许多值得人民拍手称赞的事。当时格瓦拉虽然是国家最高领导人之一，可是，他在生活方面仍然像以前一样，吃苦耐劳，高度自律，用心投入到古巴建设中。古巴哈瓦那博物馆里至今仍然陈列着许多当年格瓦拉参加劳动的照片：有的是他弯腰扛着几个糖袋；有的是他穿着粗布衣服在建筑工地上干活；有的是他在劳动后满脸汗水地站着休息……

经过岁月的沉淀，人们越来越深刻地感受到格瓦拉思想和品格的崇高。他有着坚定的理想而且勇敢正直，为了革命事业，他放弃了家人、放弃了享受，不停地投入战斗中直至牺牲。古巴领袖卡斯特罗在谈起自己的老朋友格瓦拉时，曾骄傲地说："切（格瓦拉的昵称）是人们理想的典范，也是公众良知的典范，这一点没有任何人可以与他相比。"法国学者萨特也曾说："格瓦拉是我们时代最完美的人。"

正是这个原因，在古巴革命期间，格瓦拉成了引导战士们勇敢向前的一面大旗。后来在玻利维亚，格瓦拉惨遭帝国主义杀害，消息传到古巴后，所有的古巴人都震惊了。整个古巴，甚至整个拉丁美洲各族人民，都自发地追悼他、缅怀他，为他举办了声势浩大的追思活动。

格瓦拉的去世给人们带来悲伤的同时，也激发了人们对社会公正的追求。更多的人投身到社会主义革命运动中，继承格瓦拉尚未完成的革命事业。20世纪60年代中期，一场"解放神学"运动席卷了整个拉丁美洲，这在很大程度上就是因为受到格瓦拉的影响。其中智利的红衣主教、尼加拉瓜主教、巴西总统、委内瑞拉总统等政治领袖，都把格瓦拉的平均分配理想作为武器，反击帝国主义对他们的压迫。

可以说，格瓦拉已经成了拉丁美洲最宝贵的精神财富。拉丁美洲很多国家都非常重视用格瓦拉精神教育每一代新人。特别是在古巴，现在古巴最著名的五十所大学都开设了格瓦拉系，对学生进行德育教育。

在古巴首都哈瓦那，我们经常能见到男女青年的Ｔ恤衫印着格瓦拉的头像，也经常能听到歌颂格瓦拉精神的歌曲。至今格瓦拉已经去世近五十年了，然而他举起的革命旗帜仍然屹立不倒，格瓦拉已成为指引拉丁美洲人民前进的长明灯。

虽然有很多人把格瓦拉奉为英雄，但也有很多人把他当作残酷的刽子手，以及披着共产主义外衣的法西斯。古巴革命结束时，格瓦拉曾残酷地处死了很多古巴革命反对者。而且格瓦拉在一些著作中也流露出了暴力倾向。比如，他曾在自己诸多的作品中写过这样一句话："仇恨是战斗的取胜要素，一个战士对敌人的刻骨仇恨，能够提高他的战斗意志，让他在战斗中成为一个高效的、可怕的屠戮机器。"由于这句话，众多反对者一致指责格瓦拉是"反社会暴徒"，要给予严惩。

无论我们对格瓦拉是批评还是赞扬，显然他已经在世界上取得了无可替代的位置，已经成为国际共产主义运动的英雄。无论是现在还是未来，只要还有人勇于和压迫、剥削、不公正做斗争，熟悉格瓦拉的人们都会不禁想到："切还活着？！"

第一章　苦难而充实的童年

1. 曲折的结合

　　格瓦拉小时候听母亲讲过她和父亲的故事。他们相遇在1927年，当时格瓦拉的母亲塞莉娅·德·拉·塞尔纳刚过二十岁，她长着满头卷曲的乌黑秀发和一双动人的褐色大眼睛。那时她还是一名刚从天主教女子学院毕业的学生，待人真诚，有渊博的学识，同时还是一位非常有思想的女子。

　　而且，塞莉娅拥有非常优越的家庭背景。她的祖父是一位富有的地主，父亲是一名法律系的教授、议员和外交官。她的一位祖先曾是秘鲁的总督，还有一位祖先是阿根廷赫赫有名的将军。优越的家庭环境使她从小就有着良好的修养。可惜的是，当她还是个小女孩的时候，父母离开了人世，值得庆幸的是父母为她留下了一笔丰厚的遗产。按照法律规定，塞莉娅在二十一岁那年，便可以继承这笔巨额遗产了。

　　格瓦拉的父亲埃内斯托·格瓦拉·林奇在遇到塞莉娅的时候是二十七岁，当时林奇也是个英俊潇洒的年轻人，他戴着一副眼镜，看上去显得非常安静和沉稳。林奇的曾祖父生活在南美洲，是非常有名的富翁。他的先人很了不起，其中有很多人都是贵族，可以说，林奇也是名门之后。然而到了林奇这一代，生活虽仍然不错，但已经不再拥有大片的土地了。

　　当时林奇仍然生活在阿根廷上层社会，他每天像别的贵族人士一样奔波于各种应酬中。在林奇十九岁时，他的父亲去世了，父亲并没有给他留下富足的遗产，于是他必须要靠自己的双手去创造理想的生活。

当林奇遇到塞莉娅的时候，父亲给他留下的为数不多的遗产已经被他挥霍殆尽了。当时林奇对一个新项目产生了兴趣——种植马黛茶，但是他没有钱去投资。马黛茶是一种具有刺激性的饮品，当时在阿根廷极为流行，得到数百万人的青睐。马黛茶生长在米西奥内斯地区，而当地的土地价格非常便宜，这些都让林奇觉得这个项目是个稳赚不赔的买卖，只是自己已经没有钱来购买土地了。

当时两个年轻人的恋爱已经如胶似漆了，他们关系非常亲密。于是林奇想到了塞莉娅的遗产，他相信只要可以购入土地就能够如愿以偿地种植他喜爱的马黛茶了。为此，他必须要和塞莉娅结婚，然后才能顺理成章地动用这笔钱。因为有爱情为基础，他们要结婚也不是什么值得大惊小怪的事，所以林奇为了他的理想，向塞莉娅求婚。而塞莉娅也深爱着林奇，所以毫不犹豫地同意了他的请求。

然而，虽然身为当事人的塞莉娅同意了，但是处于上流社会的塞莉娅家族中却出现了反对的声音，塞莉娅的亲戚坚决不赞成两人结婚。因为塞莉娅那时还不到二十一岁，按道理是不能自己做主的，必须要征得长辈同意才能结婚并顺利地继承遗产。她的长辈很果断地拒绝了这门婚事。

可当时塞莉娅已经怀孕了，她非常坚决地要和林奇在一起。看到这个乖巧的姑娘态度如此坚定，塞莉娅的长辈最后不得已也同意了这桩婚事，并送去了祝福。只是塞莉娅还不能立刻就得到父母的全部遗产，法官判决给她的只是一部分遗产——即使这些钱已经是很大数目了。林奇决定用这些钱在米西奥内斯买一座种植园，种植茶叶。

1927年11月10日，塞莉娅在她一个出嫁的姐姐家与林奇举行了婚礼。此时塞莉娅已经怀孕几个月了，为了避免旁人对此事的闲言碎语，在新婚后不久，他们就离开了布宜诺斯艾利斯，悄悄来到了米西奥内斯。

从此之后，格瓦拉·林奇夫妇就在这里定居了，并在这片土地上积极探索，寻找属于自己的那一方乐土。

2. 盛满希望的种植园

林奇对自己这片尚未开发的土地充满收获的信心，他曾告诉妻子塞莉娅，他们一定可以在这里过上梦想的生活。不管他是否知道未来道路的艰辛，对于林奇来说在米西奥内斯的一切都充满新奇和希望。

他曾经在日记中表达自己的喜悦心情：

在神秘而美妙的米西奥内斯，一切事物对我而言都充满着吸引和诱惑，当然也具有一定危险的挑战，这些都深深地激发了我的热情。这里的一切都显得很是陌生，无论是气候、环境、植物，还有到处跑的野兽，以及这里的居民。当我们踏上这片热土之时，每时每刻都能感觉到一种冒险的气息。

格瓦拉·林奇夫妇把家建在一个码头上，这个地方叫卡拉瓜塔港。他们来到这里没多久就发现这里的人们非常友善而且好客，他们的脸上常常洋溢着热情的笑容，时而还会主动来找格瓦拉·林奇夫妇聊天。

在这里居住一段时间后，格瓦拉·林奇夫妇觉得这里到处充满着不可思议的惊喜，很多从来没见过的东西——进入他们的生活，林奇甚至还在一名退休的铁路工程师的屋子里，看到过一个从英国运过来的"抽水马桶"。

格瓦拉夫妇在这里过着非常悠闲的田园生活。虽然林奇来到这里后一点也不愿意浪费时间，并且发誓不管天气是多么炎热和潮湿，自己都要在这片土地上种上二百公顷的马黛茶。但非常遗憾的是，林奇的梦想并没有立刻实现。因为再过几个月，塞莉娅生产的日子就要到了，很需要一个安静和舒适的环境，米西奥内斯嘈杂的环境显然不适合孕妇居住。因此，夫妇俩打算重新找个住处，他们来到了一个港口城市——罗萨里奥，暂时在这里居住下来。没过多久，他们的儿子埃内斯托·拉斐尔·格瓦拉·德·拉·塞尔纳出世了。

他们在这里租的是一个三居室，这是一套新房子，建在市中心，楼里居住的大都是一些普通的市民，这个居民楼所在的地方就成了格瓦拉·林奇夫妇第一个孩子出生证明上的地址——沿河大道480号。

那段日子里，林奇每天都精心照顾着塞莉娅，而刚刚生产完的塞莉娅也因此恢复得很快。接着格瓦拉·林奇夫妇按照习俗，带着刚出生的格瓦拉去见所有的亲戚。等一切琐事办完后，他们终于回到了米西奥内斯的种植园。林奇已经迫不及待地要开始自己的种植事业了。他雇用了一个巴拉圭工头——科蒂多，给他安排的工作是翻松土壤，然后把马黛茶种植在园子里。就在此时，林奇接触到了劳动奴役制度。

在米西奥内斯，种植者都会雇用瓜拉尼印第安工人，这些工人被称为"曼苏"，他们干活都非常认真，而且工作强度也非常大。林奇不是种植马黛茶的守财奴，他是一个很有道德的人，人们都非常喜爱他。而且因为他在雇用工人的时候能很快地支付给工人现金，所以在那一带拥有很好的名声。甚至许多年之后，当种植工人提起他时，都会竖起大拇指称赞他是一个"好人"。

1929年，格瓦拉·林奇全家人一起迁居回到布宜诺斯艾利斯。这个时候林奇已经把土壤翻整完了，园子里种满了马黛茶。同时，他们的另一个孩子也出生了。但是林奇却不得不返回布宜诺斯艾利斯，因为他得重新打理圣伊斯德罗的生意，这是林奇的父亲留下来的产业。就在林奇离开的这段时间，那里的生意很糟糕，甚至有几个投资者都撤资了。林奇感觉到在米西奥内斯这段艰难但很快乐的日子已经到头了。

3. 令人烦忧的哮喘

那段日子里，林奇开始每天早出晚归地处理生意上的事情，许多烦琐的事情都需要他一一去做，这些都让林奇感到头疼。

然而，比起那糟糕的生意，更加让他感到难过的是自己的大儿子格瓦拉竟然患上了哮喘病，这种难以根治的病时时折磨着格瓦拉，每次看到儿子难受的样子，林奇在感到难过的同时，也开始迁怒于格瓦拉的母亲。

林奇在传记《我的儿子，切》中写道：

"5月的一个早上，外面寒风刺骨，妻子带着埃内斯托·格瓦拉去游泳。午饭时间我去俱乐部找他们，想和他们一起去吃饭。然而，我到俱乐部的时候发现孩子穿的游泳衣全湿了，甚至在往下滴水，他坐在游泳池边冻得直打哆嗦。妻子却在那不管不顾地游得起劲。她根本不是一个称职的母亲，因为她根本没有意识到当时天有多冷，而且对于这样脆弱的孩子来说，在寒风中穿着湿漉漉的衣服是多么危险。"

林奇一直认为妻子应对儿子的哮喘病负全部的责任。但事实上，格瓦拉的患病是在很早以前埋下的隐患。在他出生后大约四十天，就患上了严重的肺炎，差一点就没命了。对此塞莉娅很是愧疚，她觉得儿子是遗传了自己的疾病，因为她小时候也得过这种病，而且这种病的遗传概率高达百分之三十三。不管格瓦拉·林奇夫妇多么自责，小格瓦拉每天仍然被哮喘病折磨着。

格瓦拉·林奇一家对孩子的病也非常揪心，五年里四处奔走在阿根廷的各个地方，目的就是为了让患病的孩子可以有一个舒适的养病环境，既然无法彻底治愈哮喘，他们希望通过自己的努力至少不让病情恶化。最后，他们来到了阿尔塔格拉西亚，这个镇子位于科尔多瓦，平均海拔超过六百米，居民大多数是中产阶级的白种人，空气干净稀薄。一到这里，林奇就发现孩子的病情明显稳定多了。

于是，格瓦拉·林奇夫妇商议后，决定在这里生活一段日子。他们租了一栋别墅。在这段时间里，塞莉娅每天都尽心尽力地照料小格瓦拉，其他几个孩子都很乖巧，常常围在哥哥格瓦拉身边，陪他玩耍。1932年，塞莉娅又生下了一个孩子，取名胡安·马丁，此时阿根廷与全世界一样也陷入了经济大萧条，但这一家人仍然过着像往常一样平静的生活。

由于埃内斯托·格瓦拉生病不用去上学，所以他有许多时间可以跟小朋友玩。这里没有种族和阶级之分，他们的友情非常单纯，格瓦拉的朋友中有中产阶级的富家子女，有蜗居在贫民窟中穷人家的孩子，还有阿尔塔格拉西亚高尔夫球场的球童，也有小服务生，甚至还有自己的父亲开设的建筑工地上工人的孩子。这里面有白人也有黑人，街道上很多小商贩都是黑人，天天在那里喊叫买卖。

格瓦拉属于上流社会的孩子，但他却非常谦和，这很让小朋友们感动。即使过去半个世纪之后，扎卡里亚斯仍然记得格瓦拉的样子，在他的记忆中，格瓦拉是个完美的孩子，虽然家中富有，却从来没有那种上流社会常见的骄横。

小格瓦拉除了为人谦和外，还有一个特点，就是特别同情生病或受伤的人。因为时常遭受哮喘病折磨的格瓦拉，深深地明白那种被病痛折磨时的感觉。所以，他非常关心也常常照顾周围同样遭受病痛折磨的人。但是，格瓦拉的善良却并非人人都领情。

距离格瓦拉的家不远处有一个贫民窟，那里的人们只能住在用木板简单搭成的小屋里。其中，有一个非常可怜的断了腿的人，他每天都用一辆由狗拉动的小滑轮车作为出行的交通工具，很多人都嘲讽他为"狗人"，因此他的脾气非常暴躁，常常把满腔的怒气发泄到狗的身上。每天早上他出门的时候都要抽打他的狗，这已经是他的习惯了，这条街上的所有人都看到过这一幕。

有一天，"狗人"从这条街上路过时，这里的小孩向他身上扔石头，还边笑边辱骂他。当时，格瓦拉正好和他的朋友经过那里，他们看到了这一幕之后，马上跑过去制止那些小孩。没有想到的是"狗人"不但不感激他们，反而大声地咒骂格瓦拉，而且语言极为粗鲁低俗。在格瓦拉的一位朋友看来，真正给"狗人"带来厄运的，并不是那些向他投石子的人，而是那些压榨穷人的白人。

这个时候年少的格瓦拉就已经隐隐约约懂得，其实在富人与穷人之间有一条深深的鸿沟，而这鸿沟不是单单凭借善良就可以逾越的。

4. 孤立隔绝的童年

在阿尔塔格拉西亚，无论父母多么努力，严重的哮喘病还是对格瓦拉的性格造成了极大的影响。每次生病的时候，他都只能一个人孤零零地待在床上，没有任何玩伴。而且因为他没办法像其他小孩一样坚持在学校里学习，所以他只读了两年的书，甚至最后一段时间只能断断续续地去上课。在那个困难的时期，手足之情对他而言就显得尤为珍贵了，弟弟和妹妹常常在功课上帮助他，而母亲就是他的老师。

不过，也正是因为生病，让他对书籍和文学渐渐产生了兴趣。他开始阅读所有能够接触到的书籍。就是在这样的环境中，他阅读了很多经典的小说，比如大仲马的作品；也读了许多与他年龄不相符的作品，比如阿纳托尔·法朗士和塞万提斯、奥拉西奥·基罗霍、加西亚·洛尔迦以及聂鲁达的作品。

格瓦拉的父亲喜欢探险小说，母亲比较喜欢诗歌和法国文学。而埃内斯托·格瓦拉似乎是受到了父母的遗传，他对探险家的故事以及诗歌都非常感兴趣。

　　林奇常常阅读一些描写未知事物的书籍，他也想让儿子喜欢这些书，但是他对儿子的教育实在是缺少耐心。而塞莉娅热衷于阅读小说、哲学和诗歌，她以她的方式把儿子培养成了对书籍感兴趣的人。

　　那时候，在他家里有一个大图书柜，藏书数千册。这些书里有文艺作品、历史以及心理学书籍，另有一些是与社会主义相关的著作，像马克思、列宁等写的书籍。著名诗人的作品也占有重要的位置——波德莱尔、加西亚·洛尔迦、帕勃洛·聂鲁达等人的诗集等等。格瓦拉不仅喜欢读诗歌，还喜欢自己写诗。后来，在他远征的背囊里，除了《玻利维亚日记》之外，还有一个写诗的练习本。

　　因为埃内斯托·格瓦拉从小就身患疾病，母亲照顾他的时间多一些，对他的态度也比对其他孩子更显得亲切温柔，他与母亲的感情是非常深厚的。格瓦拉记得自己认识的第一个字母是母亲教会他的。因此，母亲对他的影响是一生的。然而一个人的精力总是十分有限的，母亲过多地照顾格瓦拉，自然就无法同样细心地照顾其他的孩子了。

　　而父亲林奇虽然也是这个家庭中重要的成员，他也能够成为孩子们的朋友，但是他大多时候却不是一个负责任的父亲。虽然有的时候他会花很长时间陪儿子去游泳和打高尔夫球，但更多的时候，他根本都不在家里。当塞莉娅肩负着教师、厨师、护士和保姆的责任时，林奇却像个成功男人那样，每天去小镇里那些富人们享乐的地方——西埃勒酒店。即使偶尔在家，林奇也经常无视孩子的存在。

　　当然也不能就这样否定了林奇对家庭的贡献，最起码他在这个生病的孩子的生活中起到了积极的作用。而且他培养了儿子对运动的兴趣，还不时地鼓励儿子要与病魔做斗争，让儿子拥有了顽强的生命力。

格瓦拉的父母都非常喜欢运动。这也引起了孩子对运动的喜爱，当格瓦拉还是孩子的时候父母就发现了他对游泳、登山和骑马的爱好，虽然很吃力，但他还是坚持，而且通过一段时间的锻炼，格瓦拉的病情竟然好转了不少。

就这样，格瓦拉虽然时常受病痛折磨，却依然度过了一个丰富而又充实的童年。在这之后，随着时间的流逝，他的病情渐渐好转，身体也健壮起来。而这段与众不同的童年生活，对他的成长也造成了深远的影响。

5. 上流社会的生活

格瓦拉七岁那年，一家人搬到了一个非常舒服的新地方——尼迪亚别墅。在阿尔塔格拉西亚的那段时间，格瓦拉·林奇一家连续换了好几次别墅，这些别墅都是按照季度支付房租的。他们一家住得最久的房子就是尼迪亚别墅，这是他们认为最像家的地方。

有很长一段时间，由于事业经营不善，格瓦拉家里的经济越来越拮据。虽然这里的房租不算很贵，可林奇还是常常缺钱交房租。其实，他在大多数情况下都没有充裕的钱可以使用。

林奇曾回忆说："那段时间是我们很艰难的日子。当时家里经济困难，孩子们都在成长，而且格瓦拉有哮喘病，需要花钱请医生、买药。并且还要花钱请人帮忙，因为塞莉娅一个人是无法照顾好孩子的。"孩子的学费、房租、衣服、食品、出去游玩等都需要钱。

其实，格瓦拉家中经济困难还有一个重要原因，就是林奇和塞莉娅不善理财和奢侈的生活方式。一次，他们为了聚会竟然奢侈地买了一辆马车和一辆汽车。到了夏天格瓦拉一家就会去位于大西洋岸边珠光宝气的避暑胜地度假，并在位于桑塔安娜的祖母安娜·伊莎贝尔的庄园中享受乡间田园生活。

不仅如此，格瓦拉·林奇夫妇还常常出现在贵族社交活动中。他们虽然已经生活拮据，但是依然有着高贵的出身，他们都是属于上流社会的人，因此两人仍旧可以进出上流社会人们经常去的地方。而且周围的人都能感受到他们骨子里流露出来的高贵和自信，他们相信不管发生什么事情格瓦拉·林奇夫妇都会以很优雅的方式解决掉，因为格瓦拉·林奇夫妇的朋友和家人都会帮助他们的。但实际上，格瓦拉·林奇夫妇知道已经很少有人愿意再给他们提供帮助了。

真正困扰林奇的还是儿子格瓦拉的身体状况，因此他不能回到布宜诺斯艾利斯经营农场，而在这里他无法找到合适的工作。每天林奇可以做的就是希望自己的那片马黛茶有个好的收入，但是事与愿违，马黛茶的市场价格早就开始下跌，而且跌得很厉害。更让他难过的是马黛茶还因天气干旱损失了很多，这使得庄园的收入更加少了。唯一值得庆幸的是，在阿尔塔格拉西亚的生活费用很低，还有就是其他孩子都非常健康。

到了这时候，因为林奇没有找到其他合适的工作，格瓦拉一家一直是依靠布宜诺斯艾利斯的农场收入来维持生活，但是由于受到气候的影响，他们每年的收入都不是很稳定，而且他们的手里总没有钱。朋友们后来都猜测，很有可能是格瓦拉的母亲塞莉娅继承了剩余的遗产，才使一家人熬过了那段时间。

在阿尔塔格拉西亚生活了几年后，林奇终于有了几个志趣相投的朋友，而且他也终于开始赚钱了。1941年，格瓦拉·林奇费了好大功夫才终于让别人相信他有能力承包建筑的相关工程，并因此得到了山峦高尔夫球场的扩展改造合同。林奇明白想要让手里有更多的钱，就必须得努力工作。但遗憾的是，林奇在阿尔塔格拉西亚期间除了这次建筑工程外再也没有接到其他工作，格瓦拉家中的经济收入依然很不稳定。

6. "出位小子"

格瓦拉一天天地长大，他的哮喘发作频率明显地开始降低。于是，他也开始了正常的学习生活。格瓦拉进入学校三年级学习，通过成绩记录卡可以看出，格瓦拉三年级的成绩很令人满意。而且根据这个记录卡我们可以看出他的历史课成绩是不错的。阅读、写作、地理、几何、道德、公民和自然课的成绩也很稳定，而在绘画、音乐和舞蹈方面，他则表现得没有什么兴趣。

在这一学年中，他的表现是"良好"，而第三学期表现则是"欠佳"。这是因为他的出勤率影响着他在学校的表现，前两个学期中，他只有四天缺勤，但第三个学期他却有二十一天缺勤，因为他的哮喘病复发了。

同学们都说格瓦拉上课的时候思维敏捷，却很少看到他埋头

切·格瓦拉传

013

学习。而格瓦拉自己也对拿高成绩没有什么兴趣，因此后来他的成绩总是很一般。这一点他的父亲很是不能理解。对此，塞莉娅的解释是：他的父亲从来没有明白过大儿子，就像他从来没有弄懂妻子一样。

艾尔娃·罗西是小学的校长，同时也是格瓦拉的三年级老师，她对格瓦拉的印象是"格瓦拉是个淘气、聪明的孩子，在教室里并不是很突出，但是在运动场上就显示出了他的领导才能"。

格瓦拉对这段刚进入学校的日子也是印象颇深的，他回忆起以前在学校的生活时，曾对自己的妻子阿莱伊达说："艾尔娃·罗西是个很严厉的老师，总是在我犯错的时候打我屁股。有一天，我犯了错想到又要挨罚，就在屁股后面藏了一块木板，当老师打我的时候反而把自己的手打疼了。"

其实不仅是艾尔娃校长，学校里的很多老师都称格瓦拉是个无可救药的"出位小子"。上小学的时候，他就发明了一种和哮喘做对抗的奇怪的竞争型人格游戏。而且他总会做出一些让人很难想到的举动来吸引别人的注意，这让大人们很头疼：他让同学们喝墨水、吃粉笔；领着同学在校外爬树；和朋友们爬上横跨峡谷的铁路支架玩闹；跳进废弃的矿井里探险；激怒公羊玩"斗牛"等等。

还有一次，他和他的朋友在阿尔塔格拉西亚城里玩耍的时候拿着弹弓打灯泡。更让人难以忍受的是，有一次他们竟把点燃的鞭炮扔进了正在举办晚宴的邻居家的窗户里，结果把宾客吓得落荒而逃。

即使如此，格瓦拉却从来不会受到父母的严厉惩罚，因此格瓦拉的行为让他们家在当地恶名远播。不过他们出名还有其他方面的原因：格瓦拉一家人都不遵循当时的社会规范。如果邻居家的孩子在下午茶或者晚饭的时间到他们家，他们家就会把他们留下来喝茶或用餐。因此他们家每天晚餐桌上总会多出几个人来。而且格瓦拉家的孩子是可以随便交朋友的，包括那些住在贫民窟的孩子。

校长艾尔娃·罗西回忆说，在当时那个社会阶级分明的时期，格瓦拉的母亲塞莉娅作为一个思想开放的人，在当地的女性中做出了很多的"第一"，比如穿长裤、开车等。还有的人说塞莉娅还抽烟，这在当时是会受到社会轻视的。

但由于她的社会地位，塞莉娅并没有因为特立独行而受到人们的责难。她依旧开着自家的车送孩子们上下学，她自己出钱在学校举办"每天一杯奶"的活动，后来得到教育局的采纳，以保证穷人的孩子在上学期间能够营养充足。

格瓦拉·林奇夫妇和别的偏离天主教徒差不多，在信仰与行动上维持着中立，却并没有完全抛开古老的礼教，因为只有这样他们才能在保守的贵族圈中得到认可。因此尽管他们夫妇二人并不经常去教堂，但他们仍然像一个普通的信徒一样为孩子举行了受洗仪式。格瓦拉的引路人非常有钱，而且他还是塞莉娅和林奇的牵线月老，林奇到米西奥内斯寻觅财富也是听了他的建议才行动的。他就是佩德罗·里昂·艾沙奇。

格瓦拉上学时，塞莉娅不再去参加弥撒了，格瓦拉·林奇夫妇答应孩子们也可以不用去上宗教课。罗伯托说，他们放学后踢球，由信上帝和不信上帝的两拨组成。当然结果肯定是不信上帝的那伙人输了，因为他们的人很少。

格瓦拉的很多性格都遗传自母亲，塞莉娅"生性鲁莽，常常被危险吸引"，而格瓦拉的父亲林奇则十分小心谨慎，他总是担心各种潜伏的危险成为事实，因此心情常常很是低落。从这个角度来看，作为孩子的父母，母亲塞莉娅更像是孩子的伙伴和知己，而父亲则更多地扮演着母亲的角色。

但这并不能说明林奇是个懦弱的人，其实，他也有着爱尔兰人的坏脾气，尤其在家人遭到侮辱的时候，他的暴脾气就会表现得更明显。而格瓦拉身上也多少遗传了父亲的坏脾气。每当格瓦拉受到无名的惩罚和不公平的指责时他就会变得非常暴躁，他还经常和对立的小孩子打架。多年来，他一直没有改掉自己坏脾气的毛病，在上大学的时候，他调整了一下自己的心态，学会用文来代替武解决问题，但是偶尔他还是会用"原始"的方式去解决问题。

父亲和母亲迥异的性格，家境的起伏以及疾病的折磨，让格瓦拉在童年时期便造就了非同常人的品质，他喜欢统率、无所畏惧、固执、竞争、自律，所有这些都清楚地显现在阿尔塔格拉西亚年幼的格瓦拉身上。而正是这些性格让他以后成为一个传奇人物。

第二章 厚积薄发的青年

1. 年少轻狂的岁月

1942年3月，格瓦拉被父母安置到一所普通的国立学校迪安·福耐读书。虽然像他这样有着良好家庭背景的孩子，大多数都在那里的贵族中学蒙塞拉读书，可是格瓦拉的父母却没有让他去，而是让他就读于平民化的中学。

格瓦拉进入了迪安·福耐中学，新的环境意味着新的开始。在上中学期间，格瓦拉对运动依然兴趣高昂，而且爱上了一个新的运动项目——橄榄球。在科尔多瓦有一个网球俱乐部，他经常去那里和同学一起打球赛，也经常在这家俱乐部与人比试游泳、网球等。

通过比赛格瓦拉又认识了许多新的朋友，最让他兴奋的是，在这些朋友中，他找到了四个可以形影不离的知己：格拉纳多两兄弟、托马斯和阿尔贝托。他们五个一起玩耍，一起上学，每个人都是倾诉者，每个人又都是很好的聆听者。虽然大家关系密切、不分彼此，但是偶尔他们也会捉弄对方，将对方整得哭笑不得。那些青春的记忆中留下了他们时而恣意张扬、时而痛哭流涕的身影。

提起格瓦拉这位密友，阿尔贝托曾说："由于生病的原因，格瓦拉的学习成绩很不稳定，他只有在文科考试中偶尔会取得高分。1945年，是他上中学的第四年，当时他只能在文学及哲学课上取得好成绩，数学、历史和化学成绩都是刚好及格，音乐和物理成绩则一团糟，特别是音乐，他常常因为对音乐的迟钝而成为我们取笑的对象。格瓦拉虽然很机灵，但他却一直掌握不了音乐的节奏，跳舞就更别说了，他也不会敲打任何一种乐器。

"有时，格瓦拉兴趣来了也会跟着大家一起跳探戈，我们都知道，探戈是那种即使听不出节奏也能按照固定的舞步跳的舞蹈。所以，后来每次舞曲响起的时候，我们就很默契地踢他一下，告诉他这个他能跳。

"有一次在他过生日的时候举行了一个派对，那天他的演讲非常棒，这是我第一次发现他还是有可取之处的。当天晚上，他一直在跳舞，与一个印第安姑娘，那个姑娘是个麻风村的护士。当波尔卡舞曲音乐响起的时候，我就踢了他一脚，他便拉着姑娘跳起了探戈。我在一边都快笑晕了，过了好长时间他才发现，我是在捉弄他，就发起火来。很快我就后悔了，因为他发起火来很可怕。"

像这样的玩笑只是他们之间彼此捉弄的一个小把戏，不过虽然被捉弄者当时都会非常生气，但是他们也从来不会放在心上。大家也都将这样的玩笑当成是生活的小插曲，憎恨却又欢乐地享受着。

十七岁的时候，格瓦拉已经成长为一个非常英俊的年轻人了。他有着修长的身材，宽宽的肩膀，黑褐色的头发和一双深棕色的眼睛，还有着白皙的皮肤。不仅如此，格瓦拉的一举一动都流露出一种独立和自信，而这些都吸引着女孩子的注意。

一般而言，像这个年龄的青年，为了吸引女孩子的注意都会想尽一切办法打扮自己，但格瓦拉却不是这样，他对自己的外表从来就没有刻意地修饰过。而且，似乎对他而言，与朋友的友谊更胜过与女孩子的约会。

对此，格瓦拉的朋友里加图深有体会，他还记得一天晚上，格瓦拉和一位盛装的女孩出去看电影，而里加图在路边摆摊卖糖果。格瓦拉和平常一样穿着一件超大的短军装，口袋里塞着装有马黛茶的热水瓶和零食。他发现里加图后就径直走了过去，和这个社会最底层的人聊得热火朝天，却把同他一起约会的女孩儿给晾到一边了。

阿尔贝托已经习惯格瓦拉这种另类的样子，他和朋友给格瓦拉起了好几个外号，有时候，他们还叫他"疯子"格瓦拉。而格瓦拉喜欢让人觉得他有点可怕，他总是说自己很少洗澡，朋友们因此管他叫"猪"，他也不生气，还笑嘻嘻地开玩笑说："我已经二十五周没有洗过这件橄榄球衣了，来抱一个。"

格瓦拉非常喜欢这种与众不同、随心所欲的感觉。而且，大家也总是以给他起绰号为乐。伙伴们之间这种轻松愉快的气氛，对于曾经缺少玩伴的格瓦拉来说是十分珍贵的。

2. 读书万卷

格瓦拉在学校期间，虽然对学习的兴趣不是很高，但却一直保留着阅读的习惯。他的同学佩佩·阿奎拉尔在和他们接触时，发现格瓦拉和艾尔伯托一样，阅读内容都很丰富，而且阅读的东西很多都非常深奥，完全与他们这个年龄的人不相符。

而且，当格瓦拉阅读的时候，谁都别想打扰他，他几乎占领了父母的书房，他从弗洛伊德读到杰克·伦敦，而且还掺杂着聂鲁达、基罗霍和阿纳托尔·法朗士，甚至《资本论》的缩略本都曾阅读过。

不过在当时，格瓦拉发现自己根本无法理解那厚厚的马克思主义巨著。许多年以后，成为司令员时，他对妻子谈起，年轻的时候他就读过马克思和恩格斯的著作，只是当时年龄尚幼，很多思想都看不懂。

上了高四后，格瓦拉开始进修哲学课，很快他就对哲学产生了浓厚的兴趣，而且他哲学课的成绩非常优秀。也就是在那个时候他开始自己编写"哲学辞典"。

他的第一本手写"哲学辞典"是按照字母顺序排列的，一共有一百六十五页。

他把一切可以利用的资源都用上了，其中对于佛教和亚里士多德的描述来自H. G. 威尔斯的《世界简史》。他用十年的时间编写了七本关于哲学的笔记。随着研究的不断深入，兴趣的集中，他不断地增加着新的词条，以替换旧的词条。后来的笔记中我们可以看出他读过贾瓦哈拉尔·尼赫鲁的书，也读过与马克思主义相关的书籍，他开始直接从马克思、恩格斯和列宁的作品中引用词语，而不再从希特勒的思想寻求内容了。

后来，格瓦拉的密友迪诺斯特发现，格瓦拉对拉丁文学也有研究，包括米格尔安赫尔·阿斯图里亚斯、豪尔赫·伊卡萨、西罗等作家的作品，他们的小说和诗歌常常以拉丁美洲为主题，这是以前没有出现过的。

诗歌里面的内容有印第安人和混血儿，这些人因为被边缘化而没有得到社会公正的对待，这些主题也被当时的流行文学所忽视，而且格瓦拉当时所处的社会群体对此也从未接触过。但迪诺斯特相信，通过这些文学作品，格瓦拉对当时所处的社会有了一些了解。虽然这不是最前沿的发现和认识，但这是他想要体验世界的前提，至少格瓦拉知道了他周围是一个叫拉丁美洲的地方，而不是欧洲或美国。

3. 多多益善的兼职

在迪安·福耐中学的第五年，格瓦拉似乎突然变成了一个每天都非常繁忙的人，大家很少再见他悠闲地休息或娱乐，取而代之的是积极勤奋地从一个地方跑到另一个地方去完成工作。原来，格瓦拉觉得自己已经长大了，他想要独立生活，为了能保证自己养活自己，他开始寻找各种工作来挣钱。

在那一年，格瓦拉坚决没和家人要一分钱，只是通过父亲一个朋友的帮助，在市政府的物资供应局得到一份抄写的职事。供应局成了他最常去的地方，他有时候在这里看书，有时候编写哲学词典。在他编写的那本词典上，有大哲学家柏拉图和苏格拉底的深刻哲理，也有马克思与列宁的经典论述。

在这段时间，格瓦拉读了所有与诺贝尔有关的著作，但是他在学校的表现却很是一般。格瓦拉的老师艾尔娃·罗西因此得出结论说："格瓦拉兄妹几个都非常聪明，就是读书不用功，或许这同他们父亲和母亲不一样的家庭教育态度有关系，毕竟他们接受的教育方式简直是两个极端：母亲塞莉娅非常关心孩子们的学习；但父亲就是任他们自己去学习，什么也不管。"

学校里其他老师也曾对格瓦拉的父母做过评价："我们都认识格瓦拉的母亲，她是一个非常热心和民主的人。她每天都来学校，而且家长会从来没有迟到过，她也是同我们说话最多的家长。她每次来接送孩子都开着那辆小汽车，总有孩子会请求搭她的顺风车，她也总是非常乐意地捎上他们。

"而格瓦拉的父亲也是一个非常绅士的人，他经常出入西埃勒酒店打发时间。我也只在西埃勒酒店里见过他一次。在我们这里，那个酒店是最高级的。但是，他看上去性格孤僻，几乎没有和老师说过话。"

格瓦拉由着自己的性子学习，因此偏科很严重。他不喜欢学习英语，所以他的英语成绩非常差，中学第五学年的时候，英语成绩满分是十分，而他的成绩平均只能拿到三分，但是他的法语还不错。由于母亲的耐心教导，他法语的写听说能力都强于同龄人，文科的成绩也高于同学们。

当格瓦拉与历史老师和文学老师探讨学问的时候，老师们都惊喜地发现这个少年的思想是那么深刻而有价值。同学们因此而猜想格瓦拉的功课之所以如此差是因为他的精力过于分散，毕竟格瓦拉在体育、国际象棋方面也耗费了很多的精力，而且他还要经常去供应局做兼职。

其实，除了在物资供应局的兼职之外，格瓦拉还有一份兼职是在省高速公路局。他总是将自己的时间表排得满满的，他需要从一个地方赶到另外一个地方去，虽然这样的生活让格瓦拉感觉身体很累，但是，在疲惫的同时他也感到了充实。因为在这些兼职过程中，格瓦拉不仅得到了足以养活自己的生活费，更重要的是，当其他学生还在学校安然享乐的时候，他已经开始接触社会百态了，这才是他得到的最大财富。

而格瓦拉的父亲对此也深表支持，他非常自豪地说："在利用时间方面，格瓦拉简直就是个天才。"实际上格瓦拉在很早的时候就开始尝试着打工了。十二岁那年，格瓦拉就曾得到父母的支持去给一位农场主摘葡萄。原本说定的工期是一个月，只是其间由于格瓦拉哮喘病发作，只好中途作罢。

打工无奈终止了，而且格瓦拉并没有得到自己应得的工资。那位农场主只给了他应得工资的一半。当时，格瓦拉愤怒极了，在同那位农场主争论无果之后，他马上跑回家去找自己的父亲，他要父亲去给自己讨回公道。这个十二岁的少年甚至希望自己的父亲可以帮自己狠狠地揍那位农场主。

虽然那件事情已过去很长时间了，但是格瓦拉却仍然记得那天自己所遭受的委屈，同时他也暗暗下定决心：如果有一天自己有能力的话，一定要制定一条法律来保护所有打工者的利益。

4. 硬汉的伤心时刻

1947年3月，格瓦拉的父母和弟弟妹妹搬回了已经离开十五年之久的布宜诺斯艾利斯，而格瓦拉则留在了玛丽亚镇，一是为了上学，二是格瓦拉的哮喘病还经常发作，留在这里对身体更好。就在这时，格瓦拉一家又遭遇了一次经济危机。

格瓦拉的父亲非常不情愿地卖掉了自己的小屋，好应付自己公司倒闭所带来的债务。后来，他又卖掉了自己的种植园，至此那片种植园不仅没有帮他们挣到什么钱，还让他因此而损失了一大笔财产税。这段日子父亲林厅整日唉声叹气，与当初那个意气风发、一心想成就一番事业的年轻人简直判若两人。

搬回布宜诺斯艾利斯后，格瓦拉的家人住进了塞莉娅母亲的公寓中，他们想陪伴老人家度过她最后的时光。就在春天即将过去，夏天还没有来临的时候，格瓦拉这位九十六岁的外祖母病倒了，虽然她的意识已经不是很清楚了，但是仍念念不忘格瓦拉。于是格瓦拉的父母马上给格瓦拉发了封电报，告诉他祖母生病的消息。

格瓦拉接到电报后，因为工作的缘故不能马上离开。他只好请母亲再发一封关于祖母病情的详细电报。如果祖母的病情继续恶化，他就马上辞掉工作，回布宜诺斯艾利斯去。

几天后，格瓦拉收到了所有预想中最糟糕的消息，祖母因为中风病情更加严重了。老人家的意识有时清醒、有时模糊，每次当她意识清醒的时候都会问格瓦拉的消息。得知这个情况后，格瓦拉立即辞掉了工作，迅速赶回了布宜诺斯艾利斯。

幸好格瓦拉回来得不算太晚，他得以陪伴祖母度过了生命中最后几天。祖母安娜在格瓦拉回来后又坚持了十七天。在这十七天中，格瓦拉时刻陪伴在祖母的床前，他小心翼翼地照顾着这个深爱着自己的老人。格瓦拉的父亲在日记中写道："格瓦拉看到祖母吃不进东西的时候非常着急，这个时候他非常有耐心，寸步不离，总是想着法地逗祖母开心，想要让她吃点东西。他守护在祖母的身边，一直到她去世。"

无论格瓦拉多么精心地照料，祖母安娜最终还是离开了，虚弱的老人如同一盏燃尽的油灯，静静地闭上双眼，停止了呼吸。格瓦拉十分伤心，那段时间里，他总是想着小时候在祖母膝下无忧的日子，想着那位慈祥的老人所给予自己的爱，然而在病魔面前，这一切都显得如此苍白无力。

祖母的去世对格瓦拉的打击很大，妹妹说她从来没有见过坚强的哥哥如此伤心，有时候，她还会看到格瓦拉独自一人坐在房里伤心落泪。

5. 从工程转向医学

祖母去世不久后，格瓦拉就决定放弃工程学，改学医学，并将这一消息告诉了父母。当月，他就申请进入布宜诺斯艾利斯大学就读医学系。

很多人会因为亲人的逝去而选择学医。虽然格瓦拉从来没有说过他要当医生的原因，仅仅是多年后提到自己是要获得"个人成功"才选择了医学。他说："我想要探索人体内的奥秘。"但是不可否认的是，这个决定里面有他祖母去世的影响。

格瓦拉在上中学时，曾经在科学方面显示出自己卓越的天分，如果选择工程学，将来必定能够成就一番事业。但格瓦拉还是坚定地选择了医学，他认为在医学方面更能体现出自己的价值。而格瓦拉的家人都认为他做出这样的决定，是因为当时的医生没能减轻祖母临终时的痛苦，这使他很难过，所以才会决定做些能够减轻自己痛苦的事情。

每当格瓦拉想起祖母安娜深受病痛折磨，自己却束手无策的时候，就更加坚定了他要学习好的信念。他这一决定也是由骨子里的品性决定的。由于内心怀着对病痛深深的厌恶，所以格瓦拉对学医的兴趣十分高。他要医治病人，选择了麻风病专业，这也可以说明他关注医学的一部分原因，因为麻风病的生病群体大多是穷人。

格瓦拉为了让自己可以更好地学习医学，开始减少兼职的工作量，不过虽然他放弃了好几个兼职，但是他从没有打算放弃在皮萨尼诊所的兼职。这家诊所主要是治疗过敏症，这也可能是最吸引他的地方。

以前，萨尔瓦多·皮萨尼医生曾经给格瓦拉治疗哮喘。现在，格瓦拉来到皮萨尼诊所，很快就在医学上显示出了自己卓越的学习与动手能力。所以，皮萨尼医生让他成为自己的助手。虽然这份工作完全没报酬，但是对于一个年轻的医学院学生来说，能够参与新领域的医学研究就已经足够了。

皮萨尼医生和姐姐玛法尔达还有母亲住在一起。房子在诊所隔壁，非常宽大明亮。富有爱心的他们很快就对勤快的格瓦拉产生了强烈的好感，于是格瓦拉迅速成为这个家庭诊所中的一员。这个家庭的女人们会特意为格瓦拉准备一些以胡萝卜、玉米、燕麦等为原料的对他的哮喘病有益的食物，而且当格瓦拉不舒服的时候就不让他工作。在这个家庭里格瓦拉真实地感受到她们所给予的爱和关怀，而且皮萨尼医生也把他看成重要的培养对象，认为他将来不仅能够学到自己的拿手绝技，而且还会超过自己取得更大的成绩。

格瓦拉在学医的过程中，对社会的不平等现象仍然极为敏感，并且也从内心深处极为反对。有一次他得到了一位种植场主隆重的招待，毕竟格瓦拉是一名年轻的医生，有着不可限量的未来。虽然那位种植场主极力挽留格瓦拉，希望格瓦拉可以在他家里过夜，但是当格瓦拉看到主人对自己的印第安仆人不够尊重后，他直接拒绝了主人的好意。他对那位种植场主说："我比较喜欢外面的窝棚，那里显然更适合我。"

格瓦拉反对不平等的思想，在成为医生之后更是表现得淋漓尽致。他在日记中写道："只有那些每一天都为了最高理想而努力的人，在他们即将辞世的时候，全世界的劳动人民才会特别悲伤……那些被贫困折磨的人，他们的心中甚至不会关心自己的父母，但是他们对富人的那种仇恨却非常明显……政府应当……为社会保障提供更多的资金帮助。"

第三章　政治意识初成

1. 对战事争端的兴趣

从1932年到1935年，玻利维亚和巴拉圭之间在不到三年的时间里发生了很多反反复复的战斗和流血冲突，目的就是为了争夺毗邻两国的查科荒原地区的控制权。

当时格瓦拉还小，但他却也时常关注报纸上关于"查科战争"的消息，他在心里是支持巴拉圭的，毕竟他在巴拉圭生活过一段时间。如果有可能，他倒是很愿意拿起武器，帮助保卫巴拉圭。

格瓦拉对战事的热情关注，主要也是受到父亲的感染。格瓦拉的父亲经常看报纸和杂志，始终关注着这场战争的进程。看到他如此关心战事，父亲开玩笑说："如果每个小孩儿都像格瓦拉这么关心战争的话，那么过不了几天当地的孩子一定会玩起战争游戏，一部分孩子扮演巴拉圭人，其他的孩子扮演玻利维亚人。"

格瓦拉的父亲认为，这场战争对格瓦拉的影响是巨大的，甚至可以说左右了他的政治理想的形成。这话似乎不太可能，因为当那场战争结束的时候，格瓦拉只有七岁。但是后来格瓦拉也承认，是父亲对这场战争表现出来的极大热情才引起了自己对战争的兴趣。

实际上，真正让格瓦拉对政治产生重大兴趣的是西班牙内战。1938年后，西班牙的战争局势开始有利于弗朗哥的法西斯党人，西班牙共和党的成员只好暂时逃往阿尔塔格拉西亚。

就是在这段时间，冈萨雷斯·阿奎拉尔的妻子带着家里的几个孩子，跟着其他流亡者一起逃到了阿尔塔格拉西亚。作为一名共和党的军医，冈萨雷斯·阿奎拉尔则选择留在西班牙，继续履行自己的职责，救助共和党的战士们。

1939年，加泰罗尼亚区首府巴塞罗那被法西斯攻占了，冈萨雷斯被迫撤离，去阿尔塔格拉西亚和家人一起生活。冈萨雷斯的孩子们与格瓦拉年纪相仿，同在一所小学读书。两家的距离又很近，他们很快就建立了良好的友谊。

对于西班牙的政局，格瓦拉一家人是非常支持和同情共和党的。在1930年左右，西班牙政权由阿根廷保守派接任，在那一段时间，他们也曾和"激进公民联盟"合作掌管西班牙政权。可是，不久之后，伊波利托·伊里戈延下台，"激进公民联盟"就此解散了。那时候，西班牙共和军的战争就是对法西斯主义的强烈反抗，显示了人们对和平的期望以及敢于反抗压迫的勇敢无畏的精神。

在幼小的格瓦拉周围，总是有热情的共和党人和他玩耍。所以，他对共和党的印象非常好，就连家里的宠物也改成了共和党人的名字。平时他很喜欢听父亲讲西班牙的战争故事，然后找一张西班牙地图，把共和党军队的位置标出来。

不久以后，西班牙共和党彻底失败了，法西斯占领了西班牙，进而又吞并了奥地利。之后，英、法两国和希特勒签署了《慕尼黑协定》，法西斯开始侵占捷克斯洛伐克。第二年，法西斯攻打波兰。英国和法国被迫参战，二战正式爆发。欧洲各国政府不得不选择阵营，是支持同盟国还是支持轴心国。

这时候，格瓦拉的父亲做出了一个重要的决定，尽自己最大的能力帮助阿根廷共和党。他在当地组织起了共和党分支，还租了一间小房子作为联络点。在父亲的影响下，格瓦拉则加入了当地的"青年团"，成为一名青年团的团员。对于这一身份，格瓦拉深感自豪，常常向同学们展示他的团员证。

格瓦拉的父亲自从加入共和党后，开始在各省游历演讲，同时探听一些关于纳粹的消息。在他的努力下，纳粹的势力一直都没能延伸至阿根廷。

当时，格瓦拉父亲所在的团队将很大一部分注意力都放在了附近的德国居民区上。1939年末，在与大西洋上的英国军舰交战时，一艘失去战斗力的德国战舰被追击，当战舰驶入拉普拉塔河时，舰长命令将战舰沉入蒙得维亚外侧的水域。然后这些士兵就被阿根廷政府扣留，并且被送到了德国居民区。德国居民区位于加拉木齐达山谷内，交通非常不便，因此，阿根廷政府认为，这些士兵根本就无法逃脱。

有一次，格瓦拉的父亲带着几名同事在科尔多瓦演讲时，搜集到了一些纳粹地下党活动的证据。他们立即给阿根廷共和党总部送去了一份调查报告，希望罗伯托·欧提兹总统立即采取措施，把这股纳粹势力扼杀在摇篮里。可他们没有想到的是，当时，欧提兹总统已经身染重病，政权已经落入副总统拉蒙·卡斯蒂略手中。而卡斯蒂略是一个野心家，在选择阵营上，他更加倾向于轴心国，希望像纳粹一样，建立阿根廷独裁政权。接到报告后，他直接丢弃在一边，任由纳粹地下党在阿根廷胡作非为。

这样一来阿根廷在整个战争中的立场就显得十分暧昧。1945年，德国战败前，阿根廷政府因为担心经济受到战争影响而保持了中立态度，其实，阿根廷不仅在经济上，在政治、军事上对轴心国成员的依赖也很大。阿根廷也因此得罪了同盟国，阿根廷农产品的主要出口国英国，对阿根廷实行了经济封锁，给阿根廷带来不小的经济压力。

虽然欧提兹政府表示出对同盟国的支持之后，同盟国就曾许诺一定会做出努力，尽量让阿根廷获得美国剩余出口物资——阿根廷大部分的制造产品是美国提供的。但令人遗憾的是，由于阿根廷政权落入卡斯蒂略手中，几次和同盟国的谈判都不了了之，欧提兹政府之前提出的交易根本没有实现。而卡斯蒂略就是想见到这种局面，然后才能把出口的重心转向德国，和德国纳粹建立友好的关系。

总而言之，在第二次世界大战爆发后，整个欧洲的局面都变得混乱不堪，当然，阿根廷的政局也是摇摆不定。

2. 岌岌可危的政局

不久，阿根廷发生了一场政变，阿根廷原本就不太稳定的局面被彻底搅浑了。这场政变是由胡安·多明戈·贝隆发起的。贝隆原是陆军上校，二战前他还没有什么名气。当时，他正在意大利，是意大利纳粹首领墨索里尼的狂热追随者，回国后，他在多萨省暂时担任军队指导员，随后又回到位于布宜诺斯艾利斯的军队总部任职。在多萨省任职时，他曾支持过一个名为"军官联盟组织"的地下军队组织，而且1943年6月的政变正是由这个组织发动的。

政变之后的三年里，贝隆的政治生涯非常顺利，直接登上了权力顶峰。他先是坐上了阿根廷国防部副部长的位置，不久，又担任了劳动部部长。上任没多长时间，就将劳动部改称为劳动和福利部。贝隆对自己的职位很满意，准备利用这一职位，在阿根廷大展拳脚。

在部长的位置上坐稳以后，贝隆开始大规模进行改革，主要的对象是劳动法令。他的改革措施是为了保护那些丧失权利的工人，同时他也打散了与传统政党联系在一起的劳工组织。不久后，贝隆号召所有的劳工都聚集在他的管理下。这时阿根廷出现了"贝隆主义"，就这样他迅速地改变了阿根廷的政治局势。

1943年冬，由于美国参战，迫使德国在欧洲和北非战线进行防御，意大利的墨索里尼政府就是这样被推翻的。这时美国将疑心指向了阿根廷人，要求阿根廷政府放弃中立的态度。像美国人这样有疑虑的还有众多阿根廷人。贝隆虽然支持人民权利，这对下层阶级很有利，但是他的言论中透露着法西斯的味道，这让阿根廷自由主义的中产阶级不能接受。

针对这种危险的情况，阿根廷中产阶级的人民联合起来反对贝隆政府。这些反对者中，就包括格瓦拉的父母。他们组织了很多声势浩大的游行，要求贝隆把自由还给阿根廷人民。但是他们的抗议没能改变贝隆势力强大的现状。

虽然抗议没有起到作用，但是格瓦拉的父亲仍然没有停止他在阿根廷共和党中的行动。他和妻子塞莉娅加入了一个复兴法国的委员会，在科尔多瓦支持法国总统戴高乐，一起反对轴心国。

这时的格瓦拉则偷偷地进行着一项事业——继续为阿根廷搜寻纳粹的踪迹。他和朋友奥斯瓦尔多·比迪诺斯特·佩尔一起，悄悄回到山区，来到他父亲的队伍曾经耗费很长时间进行监视的一个戒备森严的旅馆前，因为父亲的队伍一直怀疑这个旅馆是纳粹党设在阿根廷的总部，里面配备了用于联系的无线电发报机。只是由于长时间没有消息，格瓦拉的父亲已经放弃了对这里的监视，后来还叮嘱格瓦拉不要在这附近逗留，因为曾经有两个政府调查员去调查但是只回来一个，另一个很可能被杀害了。

只是两个年轻的小伙子渴望刺激的冒险，也许是因为每个男孩天生就有冒险家的天分，他们什么都不怕，什么地方都敢去。一天晚上，两人悄悄地接近了那间旅馆。比迪诺斯特通过打开的窗子看见里面有两个人正在忙碌地摆弄一个长桌子上的金属盒子和物件，但是没等他们看清楚到底是什么就被发现了。"他们听见动静，就拎着灯出来看，然后向我们开了两枪，不过我们跑了，再也没有回去。"格瓦拉说。

虽然格瓦拉和小伙伴们曾经经历过这样的冒险行动，但是在中学时期，他并没有过于鲜明地表达过对哪个政党的支持。他和父母一样在政治上都是"反法西斯主义"者，有时候，也会像政治家一样谈论西班牙的政局变化。但是他们对当时发生在阿根廷的事件没有什么兴趣，当然如果格瓦拉表达出什么政治观点的话，那这个观点一定是让人惊讶的，因为他的目的本来就很有意思——让他的父母和同辈朋友们感到惊讶。

比如说，如果有一群支持贝隆主义的狂热分子准备攻击当地的一家赛马俱乐部，而这个俱乐部又是支持保守派的。格瓦拉就会在众人面前公然宣布，他要加入这些破坏分子中，周围的人们就会认为他也是支持贝隆主义的。但是，这其实只是这个不甘平庸的年轻人想要让大家重视他的一种表现方式罢了。

1944年9月，同盟军攻入巴黎，法国解放了。格瓦拉非常兴奋，他和几个好朋友一起跑到科尔多瓦圣马丁广场，参加了共和党为法国举办的庆祝会。当时，他口袋里还装了一些小铁件，准备偷偷砸那些来维持秩序的政府军，不过最终他们因种种问题只能放弃了计划。

3. 渐渐激进的思想

随着格瓦拉知道的事情越来越多，他也越来越真切地发现自己知识的欠缺。于是有一段时间，他将一天中大部分的时间都用来学习和思考。有一天，格瓦拉的弟弟罗伯托惊奇地看见，格瓦拉正在低头认真阅读父亲收藏的《世界近现代史》，要知道那本书可是有二十五卷之多的，不仅如此，格瓦拉的笔记本里还有许多摘抄和自己的读后感想。

那段时间，格瓦拉想要通过大量的阅读去系统地学习社会主义理论。在这之前，他对法西斯主义、马克思主义，已经有了一些了解。不仅如此，他对阿根廷社会党所说的公平，左拉对基督教的批判，都已经有了深刻的认识。在所有的政见中，格瓦拉最感兴趣的就是马克思所描述的社会主义。为此，他还仔细阅读了关于列宁的著作，然后重新学习了《资本论》，希望更加深入地了解社会主义。他在这一时期的日记中，写满了对马克思的关注，德国哲学家一生的著作被他用几十页的篇幅记录着，这些内容都是从R. P. 杜卡提翁的《共产主义和基督教》中摘抄的。

不过，格瓦拉最喜欢的是《列宁传》中对列宁的评价，他希望有一天自己可以成为列宁那样的人物：

身为社会主义革命家，列宁一生的精力都投入到社会主义革命之中，他生活的每时每刻都在为这项事业而服务。我只希望将来自己能像列宁一样，为实现社会主义而奋斗。

从这段记录中，我们可以想到，社会主义在格瓦拉心中的地位。为了实现这个理想，他付出了无尽的汗水和心血，最终实现了自己的理想，成为一名伟大的社会主义革命家。

虽然这个时期的格瓦拉对社会主义表示出了极大的兴趣，但是他并没有参加任何政党。在他读大学期间，他一直以旁观者的身份参加各种演讲和辩论。而且，每当谈论到这些政治话题的时候，他会静静地观察和聆听，而不是像曾经那样去引人注目。

格瓦拉不止一次地想：社会主义希望所有人之间可以"和谐相处"，建立起一个"井井有条的世界"，这是多么美好的词汇与画面，可是这样的画面会实现么？

面对这些对社会主义充满希望的人们，贝隆采用强硬的手段，制定了严厉的法律，而且增加监狱刑期，好让自己的政治反对者选择沉默。另外，为了赢得劳动阶层的人民的心，贝隆政府还资助建设了很多公共工程项目，借此来表示对人民的关心。

贝隆宣布阿根廷处于"第三立场"，即介于资本主义与社会主义之间。贝隆曾这样说："立场存在于我们的意识之中，当我们处在不同的环境中时，应当学会随机应变，找到适合自己的路。"

在大学期间学校有一个社会主义青年联盟组织非常活跃，喜欢交际的格瓦拉就是其中的一分子。有一次，格瓦拉的朋友里卡尔多·坎普斯想要说服他去参加"反联盟"会议，可格瓦拉什么也没有说转身就走了，这让他们很惊讶。因为大家一直觉得格瓦拉有道德立场，但是没有政治立场，通过这件事大家才明白，原来格瓦拉对很多东西有着非常清醒的认识，只不过他比较重视道德方面罢了。

在人际交往中，格瓦拉也逐渐清楚地认识到了自己的世界观。但是他的朋友和亲人没有一个人认为他是马克思主义者。在他们看来，格瓦拉的立场总是和别人不同。他们认为，这一切都是由于格瓦拉在自由的成长环境下养成的反传统的性格，正是因为这样，格瓦拉才会喜欢穿着随意的服装，去世界各地旅行。

阿根廷的政治环境对格瓦拉政治思想的影响非常巨大，面对保守政治势力的大力反对，贝隆依旧凭借着对权力的操纵进行了巨大的政治变革。通过观察，格瓦拉认识到这样一个道理：精通政治的人仿佛操纵着魔术钥匙，随时都可以打开政治胜利之门。而贝隆就像是阿根廷的魔术师，他明白人们的感受，懂得谁是自己的朋友，谁才是自己的敌人，所以，他总能在关键时刻采取行动。格瓦拉也明白了，在阿根廷这样的国家，要想在政治道路上有所收获，就必须有强大的领导能力和军事力量的支持。

因为格瓦拉存在着民族主义的思想，对于贝隆争取阿根廷政治、经济自主权的行动，他十分赞同。他非常喜爱尼赫鲁写的《发现印度》，书中介绍了一个国家政治、经济自主的重要性。格瓦拉常常随身带着这本书，并在有关的篇章上进行了标注，有时还在某些精彩的段落旁写下自己的心得，不仅如此，他在跟朋友谈论这本书时也表现得非常兴奋。

后来，格瓦拉在医学院读书时，贝隆政府为了集中权力，开始打击其他党派。在这一段时间，格瓦拉遇到了自己的好朋友费尔南多·巴拉尔。巴拉尔是一个西班牙共和党的流亡者，他的父亲是一位有名的雕刻家，几年前在马德里保卫战中不幸牺牲了。后来，巴拉尔来到阿根廷，加入阿根廷共和党，结果被政府扣上"煽动共产主义"的罪名，遭到逮捕，被关押在警察局的看守所里长达七个月之久。因为巴拉尔不是阿根廷人，他即将被驱逐出境，然后被强行遣回弗朗哥统治下的西班牙，如果真这样做了的话，他的前途可谓是一片黑暗。好在后来通过交涉，阿根廷共产党得到了匈牙利的许可，可以接收他为政治难民，这样他才得以前往匈牙利。

因为有了巴拉尔的先例，所以格瓦拉在政治方面也就更加小心翼翼了，他开始明白应当如何保护自己，但是心底那份对政治以及对斗争的渴望却从未减少。格瓦拉用勤奋的表现掩盖了自己波涛汹涌的内心世界。他小心地在日记中写下自己的思想。这段时间里，他还创作了一首诗，通过这首诗的字句、行段，我们就可以读出当时格瓦拉隐藏着的不安心情：

如果我没有逃离这条吞没我的河流，我今天一定会死。

但是，意志的力量可以战胜一切的障碍，虽然我承认我不想出去。

如果我必须死的话，我不愿死在这个洞穴里。

如果我注定被淹死，子弹，对我什么也做不了。但是我要战胜宿命，我的宿命是通过意志的力量创造的。

死，会的，但是会被子弹打得浑身窟窿，被刺刀杀死，否则的话，不会死。我要让记忆比名字更长久，就要去战斗，在战斗中死去。

内心的成长让格瓦拉显得更加成熟，当其他孩子都在关心家庭问题以及大学选择的时候，他却只对革命感兴趣。这些变化，奠定了他日后的人生道路。

4. 热衷旅行

当格瓦拉可以独立之后，他觉得只有离开家出去旅行才是自己最自由的时候。他的旅行方式一般都是搭车出去，有时候旅伴是卡里托斯·菲格罗亚，有时候他也会一个人去旅行。搭车旅行常遇到的情况是，一般只要几个小时的车程，他们却需要更多的时间才能到达。而且由于他们大多数时候是搭卡车，所以有时还必须帮人家卸货。

这些旅行不仅给格瓦拉带来了很多快乐，而且也扩大了他的视野，同时他也更加期望可以像书中所说那样进行一次自助旅行。1950年1月1日，格瓦拉开始了自己在医学院的第一次寒假旅行，他骑着一个装有微型引擎的摩托脚踏车，车子是由米克朗公司提供的。格瓦拉出发去阿根廷的内陆地区，开始了真正意义上的自助旅行。

格瓦拉在出发之前给自己拍了很多照片。照片上的他看上去非常年轻和英俊。他双手握着车把、两脚支地保持平衡坐在脚踏车上，好像这场旅行是一场比赛，而自己已经站在了起跑线上。格瓦拉戴着一顶帽子和一副太阳镜，穿着飞行员皮夹克，肩上斜挎着一个备胎，他把自己全副武装起来，英武神气。

格瓦拉这次旅行的目的地是科尔多瓦，他计划北行一百多公里去圣弗朗西斯科。那时他的好朋友艾尔伯托正在科尔多瓦一家麻风病医院工作，并且在医院的旁边经营着药店，格瓦拉此行也希望可以借此机会同好友再次相聚。

傍晚的时候，格瓦拉从家里出发了，他先启动引擎出城，然后开始用脚蹬车。在路上，一个骑自行车的年轻人和他走到了一起，他们有说有笑地一起驶入了黑暗，直到第二天早上才停下来休息。皮拉尔是格瓦拉的第一个目的地，这是一个位于布宜诺斯艾利斯城外的小镇，在大家家里谈论格瓦拉的这次旅行时，就有一些人曾取笑说这个地方将是格瓦拉探险旅程的终点。不过到达皮拉尔的时候，格瓦拉感受到了作为胜利者的喜悦，随后，他继续上路了。

这次旅行让格瓦拉受益匪浅，也是从这一时期开始，他养成了写日记的习惯，让自己在每天的总结和反省中，一点点提高。正是由于如此，格瓦拉才会不断督促自己前进，为实现心中的社会主义之梦而努力。

第二天，格瓦拉来到了罗萨里奥。过了一天，他又前往科尔多瓦，去见自己的朋友格拉纳多。不过白天他在路上的时候遇到了一点小麻烦，为了节省力气，他就搭在了一辆时速六十公里的汽车后面，让汽车拉他走，结果他的车前胎爆了，他被甩进了草垛，吵醒了一个睡在路边的流浪汉。不过好在没有发生什么不愉快的事，而且他和流浪汉聊得还很投机，后来，这位热心的流浪汉还给格瓦拉沏了杯茶。

在科尔多瓦居住的这几天，格瓦拉常常去拜访朋友。其间，他还跟着朋友托马斯和格雷戈里奥去北部的瀑布游玩。这三个兴致高涨的年轻人无畏地从高处跳进深处的水潭，虽然很刺激，但是他们也差点被暴发的山洪给卷走。

后来，勇于挑战和尝试的格瓦拉坚持要攀爬一座陡峭的高山，在上山时一路顺当，可在下山时却摔了好几次。他幽默地说："这次登山让我明白了一个道理：上山容易下山难啊。"

这一路走来格瓦拉看到了一个与自己印象中完全不一样的世界，而且越是往北走，越是接近印第安人的区域，他的心情就越发沉重。这名二十二岁的青年在笔记中写道：

> 要了解一个国家的实情，只采访官员和媒体是没有用的，因为他们说的都是表面情况。只有去贫民窟、监狱、医院里，和那些可怜的贫民、忧郁的犯人、痛苦的病人说说话，才能清楚地知道这是一个什么样的国家，才能发现这个社会的真正灵魂。

露营结束后，托马斯和格雷戈里奥回到科尔多瓦，而格瓦拉则前往圣弗朗西斯科·德尔查纳与艾尔伯托碰面。当时艾尔伯托正在致力于研究麻风病人的免疫力，而格瓦拉在皮萨尼诊所时就曾参加过类似病症的研究，因此，他们两人除了橄榄球外，有了新的话题。

格瓦拉非常赞赏艾尔伯托的工作，他常常陪同艾尔伯托一起去看望病人。只是没过多久他们就发生了一些状况。原因是一个名叫约兰达的女孩身上有严重麻风病人的症状。约兰达是一个漂亮的女孩，可是，由于患了麻风病，身上长着很多可怕的斑点，有些还出现了坏死的症状。艾尔伯托知道，每个新来的医生在还没有发现她的严重病症的时候，都会以为约兰达在收容过程中遭遇到不公平待遇。格瓦拉也一样，看着这个女孩经历这样悲惨的命运，他没有办法保持沉默了。于是，格瓦拉来找艾尔伯托，他们之间的争执就这样发生了。

格瓦拉认为应当给那些被收容和正在隔离的人更多的关心。艾尔伯托说约兰达的病情很严重，具有高度的传染性，所以必须被迅速隔离开。为了证明自己的话正确，艾尔伯托趁约兰达不注意的时候，用针头刺她背部，可是她居然一点感觉也没有。看到这种情况后，艾尔伯托得意地看着格瓦拉，他以为这样就可以证明自己说的话了，可是格瓦拉的表情把他的笑容给吓回去了。格瓦拉语气生硬地命令艾尔伯托说："小艾，让她走。""病人离开的时候，我从他的脸上看到了难以抑制的愤怒。之前，我从来没有看见过他如此生气的样子，我不得不忍受他的责骂。"艾尔伯托说。而格瓦拉则表示，他从来没有见过艾尔伯托如此没有同情心，他对艾尔伯特说："你要留下那个年轻的女孩，并不是为了给她治病，你只是为了炫耀你的知识罢了。"后来艾尔伯托经过一番解释，两人才和好如初，这场风波就这样结束了。

　　喜欢四处闯荡的格瓦拉，并没有计划长时间地待在这里，他只在麻风病医院待了几天就又准备要出发了。这一次他计划走得更远，要前往阿根廷的北部和西部地区，那里很少有人去。恰好艾尔伯托有摩托车，格瓦拉就动员他带着自己踏上旅程。

　　艾尔伯托很快被格瓦拉说动了，决定陪格瓦拉走一程。出发的时候，艾尔伯托骑着自己的摩托车用绳子拖着格瓦拉的摩托脚踏车。没想到途中绳子不时地断，没走多远他们俩就放弃了这种赶路方式，都认为还是格瓦拉自己走比较容易一些。艾尔伯托掉头驶回圣弗朗西斯科·德尔查纳。格瓦拉在日记中写道："我们两个男人给了对方一个拥抱，我看见他向我挥挥手，然后像个骑士一样骑着摩托车消失了。"

　　告别了艾尔伯托后，格瓦拉准备骑车穿过大盐漠，这是一片广袤的沙漠，被称为阿根廷的"撒哈拉"。格瓦拉勇敢地踏上征程，经过一段惊心动魄的旅程，他终于走出沙漠，来到罗莱托小镇。可是，他却被当地的警察给扣押了，不过当人们知道他是个学医的学

切·格瓦拉传

043

生后，就劝他留在镇里当医生。只是格瓦拉当时并没有停留下来的想法，所以第二天他就又出发了。

说起这次旅行中的这辆摩托脚踏车，其实还有一个故事。当格瓦拉旅行结束后，他看着自己的坐骑，然后拿出自己当时所有的积蓄，在杂志上登了一封写给米克朗公司的公开信：

> 先生们，我非常感谢你们公司的摩托脚踏车。我骑着它游历了阿根廷十二个省，行程四千公里。摩托脚踏车在整个行程中性能良好，没有发生任何故障。我希望能够再得到一辆，陪伴我的下一次旅程。

结果，他不仅收到了米克朗公司提供的一辆崭新摩托车，还收到了米克朗公司提供的部分路费。

5. 初尝爱情滋味

虽然格瓦拉很少会刻意地关注自己的形象，但这并不代表着那颗年少的心不渴望爱情的降临。终于有一天，他遇到了自己的天使。那一天，格瓦拉跟着家人去科尔多瓦参加一个女孩子的婚礼。就是在婚礼上，格瓦拉遇见了十六岁的玛丽亚·德尔·卡门·齐齐娜·费雷拉。格瓦拉的家族是科尔多瓦最有名望的家族之一，而齐齐娜的家族则古老而富有。贵族之间总是会有许多的交往，因此他们两个人在那之前就认识，只是当时格瓦拉还在科尔多瓦旅行，而齐齐娜当时只是个小姑娘，现在她已经出落成一个漂亮的女子了。她那乌黑的头发、白皙的皮肤、饱满的嘴唇都让格瓦拉为之着迷。

据佩佩·阿奎拉尔说那次婚礼上齐齐娜给格瓦拉留下的印象好像一道明亮的闪电在内心闪过。

这次见面后，齐齐娜也对格瓦拉产生了好感，他们像是磁铁一样，开始"互相吸引"，因为齐齐娜也被格瓦拉那种倔强和幽默的性格所迷倒。她说格瓦拉的穿着总是那么乱七八糟，这话不禁让周围的朋友们笑出声来，同时他们也感到有些尴尬。虽然格瓦拉经常成为朋友们取笑的对象，可他总是不会在意大家的玩笑，这一点给齐齐娜留下了好印象，两人很快就谈起了恋爱。

格瓦拉对这次的恋爱是非常认真的。齐齐娜虽然很年轻，但也有成熟女性的美，她纯洁得就像早晨的露珠一样。而且她还很聪明，也很机灵。格瓦拉坚信她就是自己一生想要寻找的女人。

这段感情极其浪漫，两人的出身又非常般配。大家都觉得，他们的恋情就像是童话中高贵的公主爱上了潦倒的王子一样。格瓦拉也知道这些言论，他也知道在市内，齐齐娜家族有一座昂贵的城堡，他们家族的女族长——齐齐娜的祖母就住在那里。但是，这些都同他有什么关系呢？他爱的是齐齐娜这个女孩，又不是那些财富。

齐齐娜和父母住在另一座大房子里，那里与格瓦拉原来住的房子只隔着两个街区。在科尔多瓦城外，齐齐娜家族还拥有一个巨大的庄园，那里是作为夏天时避暑的用地——马拉格诺。

因为在几年前格瓦拉还住在科尔多瓦的时候他们就认识，所以不管齐齐娜的父母在格瓦拉是不是适合女儿的问题上是怎么想的，他们并没有要拒绝他的意思。而且，他们觉得格瓦拉的早熟和另类很讨人喜欢。知道他们恋爱的佩佩·阿奎拉尔说，费雷拉家人取笑格瓦拉的穿着和不雅的举止，不过每当格瓦拉谈论文学、哲学或是他旅行的故事时，他们都会非常认真地听。

后来费雷拉一家渐渐习惯了格瓦拉的独特，他们也理解了格瓦拉那颗流浪的心，因为他们的生活也同样是丰富多彩的。佩佩·阿奎拉尔给他们家的评价是"独特非凡""引人注目"。费雷拉一家谈吐不凡，而且见多识广，在当时那个保守的社交圈中，显得那么与众不同。齐齐娜的父亲更是有着丰富的社会经验，他曾经沿着亚马孙河旅行过，而所有人都知道即使现在去那儿旅行也是非常危险的。不仅如此，他们还玩过更危险的，就是在一片空地上玩赛车，玩遥控飞机。那时，他们的祖母就在旁边。可是，祖母并没阻止，还笑着要他们"飞低点"。二战的时候，齐齐娜的叔叔在法国参军了，只是在途中不幸被德国人阻击，她叔叔没有逃过那一劫。

格瓦拉觉得"费雷拉家的空气"非常有挑战性，所以他经常回科尔多瓦去看齐齐娜。1951年以后，他成了费雷拉家的常客，也与齐齐娜的那帮朋友混在了一起。

齐齐娜的朋友都说在齐齐娜家里最像格瓦拉的是她的叔叔马丁。马丁独自居住在一个偏僻的庄园里，在那里养殖了很多小矮马，他从不离开庄园。二战期间，家人都支持同盟军，只有他坚决支持纳粹德国。而且马丁还是一个地道的夜猫子，他很精通古典钢琴的演奏，当格瓦拉、齐齐娜和她的朋友们聊天跳舞时，他就整夜给他们弹琴。

这样过了一段时间后，格瓦拉就向齐齐娜求婚了，并且准备让她和自己一起横穿南美区旅居，作为他们的蜜月之旅。这时矛盾出现了，佩佩·阿奎拉尔说齐齐娜那时才十六岁，太小了，齐齐娜也犹豫了，而且齐齐娜的父母也不同意格瓦拉的建议。

1951年10月17日是阿根廷一个隆重的纪念日，这个纪念日是贝隆制定的，为的是纪念自己上台一周年。这天，格瓦拉去了科尔多瓦，先是和爱人齐齐娜见面，之后，又去了自己好友阿尔贝托家。

一见到格瓦拉，阿尔贝托就开始对生活中的种种琐事不断地发着牢骚，而格瓦拉说："我一直都在自由地生活，努力地学习，从来都没有想过这些琐碎的事情。要不你也陪我一起去游历吧！"阿尔贝托说："那我们去北美走走吧？至于交通工具，我正好还有辆摩托车呢！"

格瓦拉十分高兴，立即回家着手办理签证，准备出发，他庆幸自己期盼多年的流浪梦想终于就要实现了，而且他向往的正是那种自由的生活。他们将出发的日子定在了1951年12月29日，在地图上，他们也拟好了出发线路：穿过整个南美洲，途经阿根廷、智利、秘鲁、哥伦比亚，最后到达委内瑞拉。

虽然格瓦拉的父母不看好他的想法，但他们还是同意了他去远行。行程的第一站就是齐齐娜的家。热恋中的这对情侣是那么难舍难分，他们如胶似漆地度过了一周。格瓦拉在日记中写道："和齐齐娜在一起的日子是那么甜蜜，但是分离的日子马上就到了，而我一想到要离开她很久，心里就很痛苦。"阿尔贝托感觉到了格瓦拉的情绪不好，他觉得同伴已经沉浸在了情人的甜美梦乡里，于是他做好了自己一个人走的准备。

不过最后格瓦拉还是决定去旅行，只是朋友还有些不放心，突然朋友注意到齐齐娜手上的那只金镯子，他知道那一定很值钱，于是他就鼓动格瓦拉去把齐齐娜的那只手镯要过来作为他们旅行的盘缠，也以此来考验他是不是真的想去旅行。后来，格瓦拉把这件不光彩的事也写进了日记中。

　　格瓦拉紧紧握着齐齐娜的手说："你能把这只手镯给我吗？当我想你的时候就看看这只镯子，这也可以给我带来一丝温暖。""可怜的齐齐娜，她根本不知道黄金意味着什么。她不顾一切地来寻找爱情，而当时我却只关心这只金镯子能卖多少钱。"格瓦拉在心底惭愧地想。

　　无论有多么不舍，痛苦的离别还是来临了。临走时，齐齐娜给了格瓦拉十五美元，虽然格瓦拉知道她是想让自己送给她一条美丽的连衣裙，可是，格瓦拉实在没有更多的钱来买别的东西，最后想办法弄了一只小白狗送给了她，看上去他们是那么不舍得离开彼此。

　　只是，他们之间早就已经出现了很大的隔阂，两人在思想上存在很多不和的地方。后来，在格瓦拉旅行途中，齐齐娜就给他写了一封信要求分手。只是由于交通的原因，这封信一直没有送到格瓦拉手里。直到1952年2月12日，格瓦拉才终于看到这封信。当时，他正要穿过智利边境，又困又累，这封信就犹如晴天霹雳一样，他在日记中写道："我相信她是爱我的，只是我觉得自己更应该从思想上征服她的。"

　　然而，不久格瓦拉发现，他的心中并没有想象的那么痛苦，而且没过多久他就复元了，因为他觉得感情的事情剩下一个人坚持是没有用的。

第四章　思想的转变

1. 旅行到智利

虽然被爱情困扰了一段时间，格瓦拉终于也还是放开了，从情伤中解脱出来的他跟着朋友阿尔贝托继续他们的南美之旅。

两个从学校里跑出来的穷小子，身上没有钱，外面更没有认识多少朋友，旅行的路上自然充满了磕磕绊绊。为了方便旅行，两人都办理了助理医师证，如果实在找不到朋友或是便宜的小旅店住，他们就凭借证件去医院或警察厅借宿。1952年2月，格瓦拉和阿尔贝托跨越国境，来到智利。头一次出国的两个人都显得非常兴奋，格瓦拉在日记中写道：

> 到达智利，我们的旅行似乎才有了一点"环游南美洲"的味道。

出了国，两人的生活似乎更窘迫了，暂时住在智利一个偏僻的小村庄里。但他们却丝毫不放在心上，每天骑着摩托车到处游玩，偶尔还会到当地的医院里帮忙，毕竟两人都在医学院学习过。

在医院帮忙的时候，两人听说在智利复活节岛上有一个著名的麻风病医院。当时，麻风病还是一种很难治愈的疾病，格瓦拉早就想好好学习麻风病的知识，遇到这样一个机会，他当然不愿意错过，和阿尔贝托商议之后，两人决定前往复活节岛。

在前往复活节岛的路上，他们遇到了两位来自巴西的姑娘，两位姑娘也是学医的，这次她们来智利，除了旅游外，也是想来学习麻风病知识。四个人一拍即合，共同前往复活节岛。一路上，四个人一边游玩，一边帮人治病。很快，他们就引起了智利媒体的注意，当地几家报纸刊登出了他们的照片和新闻，标题写着：四位来自国外的医学生，沿途给病人送去健康和希望。显然，四个医学生在智利大受欢迎，也因此，智利政府给他们提供了很多方便。格瓦拉和阿尔贝托再也不用为食宿发愁了。

在边旅行边行医的过程中，格瓦拉的思想也在慢慢地发生转变，以前在学校里，感觉这个社会还算公平，可随着他旅行的脚步越来越远，越来越多的贫穷和苦难呈现在他面前，他的心情也变得越来越沉重。每天到了晚上夜深人静的时候，格瓦拉的脑中会不时浮现出那些受苦的人，他们不仅是被疾病折磨，更是被整个社会体制压得抬不起头。

格瓦拉在智利旅行的日记里写道：

> 出了校门我才发现整个社会有多么的不公，成为医生可以帮病人摆脱痛苦，可是这些生活在社会最底层的人呢？难道只能这样痛苦地生活下去？

格瓦拉渐渐开始对自己选择医学这条路感到迷茫。

十几天后，格瓦拉和同伴们来到前往复活节岛的港口，却一艘船也找不到。经过打听，港口的人告诉他们："复活节岛人很少，要隔很久才会有运货船前往那里，送去一些生活必需品。"格瓦拉问："大概要多长时间才会有一次？"那人回答："短则俩月，长则半年。"一句话打消了格瓦拉去复活节岛的想法，他可不想在复活节岛待那么长时间。可那两个巴西姑娘却坚持要等，好不容易遇到的两个女伴只好分开了。

去不了复活节岛，格瓦拉和阿尔贝托继续往北进行他们的旅行。途中，有一个病人给格瓦拉带来很大的震动，那是一个患有慢性哮喘病的老妇人。格瓦拉他们路过那里的时候，她正好病发。格瓦拉前去为她治疗。

推开老妇人家里的门，一股刺鼻的汗臭和脚臭味袭来，屋里飘满了灰尘，连阳光照进来都显得暗淡了许多。老妇人坐在椅子上，抚着胸口重重喘息着。格瓦拉皱了皱眉头，难怪老妇人会得哮喘病，天天待在这样一个糟糕透顶的环境里，想必任何人都好不到哪里去。格瓦拉轻轻走近老妇人，看到她那憔悴的面庞和失神的眼睛，心里被深深地刺痛了。治完病后，格瓦拉默默地走出了老妇人灰暗的房间。回去的路上，他仿佛感觉胸口一直有块大石头压着，那种社会不公的念头更加强烈了。

后来，格瓦拉回忆起这一段经历，不无感慨地说："那个可怜的老妇人，我看不到她的明天、她的希望，而这种情形，又绝不止她一人。在那种社会里，老妇人的生活就是底层人民最真实的生活写照。医生只能暂时缓解他们的痛苦，却永远改变不了他们的处境。"

阿尔贝托看格瓦拉每次治病回来都心情低落，便劝他暂时先放弃帮人治病，专心旅行。格瓦拉同意了，他也似乎想要尽快找到一种比做医生更有意义的人生。两人一路往北走，来到了智利的"魔山"——丘基卡马塔。这里是一个巨大的露天铜矿山，方圆十几公里内全是铜矿。每天都有大批卡车来拉铜矿，挖掘铜矿时的炸药爆破声，轰轰隆隆，不绝于耳。

但如此宝贵的铜矿山，当时却是被美国公司控制。挖矿的矿工都是智利人，他们每天累死累活却连饭都吃不饱。那些贪婪的资本家，根本就是要榨干矿工身上的每一滴血汗。铜矿冶炼工厂距离铜矿山不远，不停从冶炼厂烟囱里冒出的滚滚硫黄浓烟，让方圆几十公里都笼罩在一片雾霾之下，让人喘不过气来。

不仅如此，这里还充满了残酷的阶级斗争。为了维护矿工们的利益，智利共产党员进行地下活动，组织工人游行、罢工等。所以，智利共产党被政府定为非法破坏组织，常常遭到智利警察的逮捕和镇压。

格瓦拉和阿尔贝托寄居在一个老矿工家里，老矿工和妻子就是共产党员。智利政府列早已把他俩上了黑名单，一直在寻找机会残害他们。老夫妇虽然生活过得非常清苦，但他们仍然坚持信仰，帮助矿工们争取利益。格瓦拉被他们的精神感动，同时，也对共产党产生了好感和兴趣。

之后，格瓦拉跟着老矿工来到工地，想更清楚地了解阶级斗争。在工地上，格瓦拉刚好目睹了一次罢工事件，工人们为了涨工资，拒不上工。格瓦拉看着在工地静坐的几百人，略带讥讽地说道："这些愚蠢的矿工老板，为了从工人手里多扣下一点工资，竟然宁愿让他们停工。即使每天损失几百万比索，也要榨取工人们的血汗钱，真是丧尽天良。"

2. 激昂的致辞

离开丘基卡马塔，再往北就到了秘鲁。所有来秘鲁的游客，有两个地方不容错过，一是秘鲁南部的库斯科，二是马丘比丘遗址。库斯科是一座古老的城市，一直以来作为印加帝国都城，是印加文化中心，有大量的古宫、庙宇、堡垒遗迹，历来为考古学家所倾心。

马丘比丘遗址被称为"失落之城"，坐落在印加帝国。几百年前，马丘比丘与库斯科之间的联系，只有一条狭窄险峻的印加古道。站在马丘比丘上，感觉好像随时都可能跌下万丈深渊。正是在老年峰与青年峰之间那陡峭的山脊上，印加人建立了一个宏伟的城市。

马丘比丘遗址可以称得上是南美大陆文化的祭坛。之前，由于老年峰树木茂盛，遗址被植被覆盖，直到1911年，有一位名叫宾哈姆的学者考察老年峰的时候，才终于让印加人的遗址重现人间。

格瓦拉和阿尔贝托来到马丘比丘遗址，两人都异常兴奋，特别是格瓦拉，他四处察看，几乎转遍了每一个台阶和每一间神庙。因为他们没有相机，不能拍照，幸好格瓦拉以前学过素描，他掏出记事本，不停地描绘、做记录。

自从进入马丘比丘遗址后，格瓦拉就再也舍不得离开了，他终日沉浸在印加人的文化和思想里，将之前在智利遇到的烦恼全部抛之脑后。有时，格瓦拉看着那些坐缆车来这里的游客，心中不免叹息："这些可怜的北美游客，他们只知道舒舒服服地坐在车里，却永远感受不到古印加人的伟大与不朽。"在马丘比丘遗址，格瓦拉连续游览了十几天，最后在阿尔贝托的一再劝说下，他才恋恋不舍地离开了这里。

1952年5月1日，格瓦拉和阿尔贝托骑着车来到秘鲁首都利马。来到利马，两人便遇到了一位热心的医生，名叫胡戈·佩斯赛。佩斯赛是一位秘鲁共产党员，当他得知格瓦拉和阿尔贝托来自阿根廷后，就将两人请到自己家里吃饭，并帮他们联络医院，让他们住到了一家麻风病医院里。格瓦拉和阿尔贝托又开始行医了。之后，佩斯赛经常来看他们俩，偶尔也会和他们说一些共产党的事。其间，格瓦拉深受佩斯赛思想的感染，对共产党由感兴趣慢慢变成了向往。在佩斯赛的影响下，格瓦拉懂得了革命中农民所起到的巨大作用。

十几年后，格瓦拉在自己的首部著作《游击战》中，写下了对佩斯赛的谢意：

> 或许，连胡戈·佩斯赛医生本人也不知道，他的思想对我产生了多大的影响。和他成为朋友后，我的生活和社会态度都发生了变化。虽然，我的斗争精神一如既往，但我比之前多学会了一样东西，就是知道如何将自己的目标和人民的需要结合起来，以便更好地发动他们。

此时的格瓦拉，思想正在发生一个质的转变，他不再是那个思想稚嫩，空有一腔热血的小青年了，他的思想已经深深印上了马克思主义的印记，渐渐成长为一名国际主义者，无论是在哪个国家，他都想把共产主义的理论运用其中，来解救受苦受难的贫苦人民。

在利马的这段时间，格瓦拉有时也会参加佩斯赛举办的一些活动，像领导学生游行，或是帮地下党做一些秘密事情。这些事情阿尔贝托自然也不知道，他和格瓦拉虽是结伴旅行，但两个人的思想却是迥异的，他根本不愿意掺和秘鲁共产党的事。格瓦拉也不想拿这些事来烦他。

这一年6月14日，也就是格瓦拉生日的那一天，佩斯赛和麻风病院的所有医生给格瓦拉举行了一场生日宴会。佩斯赛代表秘鲁人感谢格瓦拉对麻风病院的帮助，更感谢他对秘鲁共产党的支持。格瓦拉则激情洋溢地回道："贪婪的美帝国主义，想要在拉丁美洲各个国家之间搞破坏，让我们失去稳定性，他们好有机可乘。但是，这绝对是一种彻头彻尾的幻想。通过这几个月的旅行，我看到了拉丁美洲人们的信念，虽然我们都是混血民族，可我们的思想和信仰却是统一的。无论是最北端的墨西哥，还是南端的麦哲伦海峡，我们之间有着太多的共性。就是因为如此，我才会放弃狭隘的地域观念，为整个拉丁美洲尽自己的一份力。"

说着，他从桌上端起一杯酒，致意道："无论是阿根廷、智利、秘鲁，还是墨西哥，我们都是一个统一的民族，都是拉丁美洲人，这一杯酒，让我们共同献给伟大的拉丁美洲。"众人端起酒杯，一饮而尽。

在利马又待了一段时间后，格瓦拉和阿尔贝托继续向北前行，途经哥伦比亚，来到委内瑞拉。在委内瑞拉行医的过程中，一位委内瑞拉的麻风病医生很认可他们的医术，邀请他们到首都加拉加斯的一家麻风病医院工作，薪金丰厚。两人欣然前往。

他们在加拉加斯待了两个月，格瓦拉想要继续旅行，而阿尔贝托则认为这家医院的待遇很好，想长期留在这里做医生。最终，格瓦拉也没能劝动他，只好一个人上路。

再往北，就坐船来到美国最南部的城市——迈阿密，格瓦拉细细地观察了美国人的生活和文化，显然，他们和拉丁美洲人差别巨大。在迈阿密停留了约有一个月的时间，格瓦拉坐飞机回到阿根廷，外出八个月后，在9月份，他返回家中。

3. 前往玻利维亚

旅行结束时，距离毕业考试只有半年的时间了，格瓦拉返回布宜诺斯艾利斯大学，开始了紧张的复习。在之后的五个月里，格瓦拉连续通过了医学博士中的十五项考试，因为他学习努力，外加他旅行这段时间积累了大量的实践经验，很轻松地就完成了有关过敏病症的毕业论文。1953年6月，格瓦拉正式成为布宜诺斯艾利斯大学的医学博士。

成为医学博士，如果他专心行医的话，一定会有一个辉煌的前程。毕竟，医学博士在社会上是大受欢迎的，只要格瓦拉愿意，他甚至可以每天坐在舒服的办公室里，拿着优厚的资薪，只为那些富人看病。但格瓦拉却不满足于这种生活，通过上次旅行，他看到了自己生存的意义，并要为此奋斗一生。

从迈阿密回来的那一天，格瓦拉在日记里写道："我再一次踏上阿根廷的土地时，原来的我已经'死去'，至少，我再也不是以前的我。这次的南美洲之旅，让我明白了很多道理，也让我懂得了怎样活着才最有意义。"格瓦拉的这段日记当然不是随意写的，他的生命历程就是这段日记的最佳证明。

毕业后，格瓦拉虽然知道自己想做什么，可到了具体的事情上却毫无头绪。在国内停留的时间里，阿根廷的政治局面变得越来越不稳定，贝隆政府打着民主的旗号，却逐渐走向了独裁的道路。有一些反对势力甚至公然与政府交战。为此，贝隆政府开始大量征兵，并限制了国内年轻人的自由。格瓦拉刚刚成为医学博士，极有可能会被征做军医。

在这种随时都有可能发生战争的国家，谁也不愿意让自己的孩子参军。而且，就算是参军，格瓦拉也绝不愿意加入贝隆政府的军队，他和家人商议，怎样才能让自己彻底摆脱参军的束缚。后来，母亲建议他："你可以洗个冷水澡。"家人都不明白，父亲呵斥道："现在天气很冷，他本来就有哮喘病，怎么还能洗冷水澡？"母亲解释说："正因为他有哮喘病，洗了冷水澡哮喘病肯定会发作，体质也会更差。趁着这个机会，我们带他去军医那里检查。他的体质肯定不过关，那就不用再当兵了。"这确实是一个好主意，虽然有点受罪，但格瓦拉还是同意了，他也因此被排除在了征兵范围之外。

重新恢复自由的格瓦拉决定再次旅行南美洲，离开阿根廷这个是非之地。这次和他一起去旅行的是他儿时的伙伴卡洛斯·费雷尔，他也是想避开兵役，到国外躲一段时间。两个人各自准备，开始了他们的南美之旅。

出发前，两家人为他们共凑了三百多美元的路费，而格瓦拉除了问家里要钱外，还动了一点小心思。他顺手拿走了自己堂兄玛利澳的三件新衬衫，把它们卖了换钱用。格瓦拉坐上火车后，玛利澳才发现自己的衬衫不见了，他气急败坏地打电话给格瓦拉，先是一顿臭骂，然后告诉格瓦拉，作为赔偿，他已经拿走格瓦拉最喜欢的一个望远镜卖掉了。

其实，格瓦拉也是没有办法，后来他回忆说："三百多美元根本都不够一个人用的，更何况我们是两个人。所以我寻思着随便拿点东西卖掉，至少可以让我们有钱吃饭。"

实际上，这些衣服卖得的钱足够他们用十五天。

这一次旅行，格瓦拉制定了一条全新的路线，他们的第一站是玻利维亚。玻利维亚以前也是印加人的一个主要聚居地，有着大量的印加遗址。自从上次去了秘鲁的马丘比丘遗址后，格瓦拉一直对印加人念念不忘，他想到玻利维亚进一步了解印加文化。很少外出的卡洛斯，当然只有听从格瓦拉的意见，一起前往玻利维亚。不过，他们两人旅途的最终目的地却大不相同，卡洛斯要去法国，而格瓦拉则是想去印度。

1953年7月初，格瓦拉和卡洛斯坐火车出发了。在车站，格瓦拉一家人前来送行，母亲塞莉娅紧紧握着格瓦拉的手，久久不愿松开。格瓦拉则笑着对母亲说："放心吧！妈妈，我一定会在外面干出一番事业，然后回来和您相聚。"听了这话，塞莉娅心里生出一丝隐隐的不安，她说当时自己似乎感觉到："我的全身都冷战了一下，可能我要永远失去自己的孩子了，突然特别希望他留下来。"

火车发动了，格瓦拉向家人挥了挥手，踏上远行的旅途。母亲跟在火车后面，边跑边喊着格瓦拉的名字，直到火车消失在远方。格瓦拉坐在车厢里，看着窗外飞驰而过的风景，心情高涨，他感觉自己就像是一个即将出征的战士，英勇地奔赴战场。

第二次旅行南美洲，格瓦拉准备了一个新的日记本，日记的第一页赫然写着"又一次"。虽然同是旅行南美洲，两次旅行的意义却大不相同。这一次，尽管格瓦拉依然不知道前行的方向，但他总算知道了自己要寻找什么。

坐了一天的火车，他们来到玻利维亚的首都——拉巴斯。拉巴斯是一座文明古城，1809年至1825年，玻利维亚独立战争中心就在这里。在离拉巴斯几十公里远的地方有座著名的公园，里面有古城遗址、太阳门、古代石人像等，是印加文化参观者的理想旅行地之一。

格瓦拉游览了整个蒂亚瓦纳科公园，细细地参观了每一处印加遗址，做了详尽的记录。格瓦拉来玻利维亚，除了对印加文化的向往外，还有一个重要的原因，就是想要目睹一场革命，一场即将要改变玻利维亚命运的战斗。

4. 结识新同伴

玻利维亚是一个资源富饶的国家，它有着大量的黄金、石油、钨、铜等矿产。但玻利维亚人却都非常贫穷，因为大部分矿产都被美国资本家和少数玻利维亚富裕家族所垄断。玻利维亚的矿工每天辛苦地工作，却连温饱问题都不能解决。这些矿工大多数都是印第安人，有人戏称他们是"挖着黄金的乞丐"。

这种极不平等的社会形态，已经持续了几十年的时间。然而，随着人们思想的开化，追求自由和平等成了社会的主流。1952年，在一些激进人士的带领下，玻利维亚的矿工们揭竿而起，开始了一场声势浩大的革命。革命队伍的代表人物埃斯登索罗宣布：首先要废除农奴制，建立一个人人平等的公平社会；其次进行土地改革，让每一个玻利维亚人都能分得一块土地；最后是矿产拥有权的变革，所有矿产都收为国有。

三条新政策赢得了大量矿工和农民的响应，在他们的支持下，埃斯登索罗竞选为玻利维亚总统，开始实施变革。埃斯登索罗给矿工和农民们分发了枪支，让他们组建自己的武装，以便保护他们的利益。

来到这样一个国家，格瓦拉显得兴奋异常。他常常跑到一些矿场或是农场，看玻利维亚土地改革的具体进程。在拉巴斯居住的那段时间，格瓦拉在日记里写道：

玻利维亚的改革真是令人振奋。矿工和农民们得到

枪支后，建立了散乱的民兵和劳工组织。土地改革开始，因为和资本家利益的冲突，拉巴斯乱成一团，到处都有人在争吵。人人手里都拿着枪支，动不动就有人相互开枪射击，有时，甚至有子弹从我耳边呼啸而过。虽然有些危险，但我还是决定在拉巴斯多停留一段时间，看看这个国家的命运到底会走到哪一步。

之后的时间里，格瓦拉常常去咖啡馆和酒吧，听听不同的人谈论玻利维亚的政局。有时，他也会加入讨论中，进一步了解玻利维亚的这场革命。

和格瓦拉一同前来的卡洛斯却很讨厌玻利维亚，他说："每次听到枪声，我都担心下一颗子弹会打到我。"为了安全，卡洛斯每天都老老实实地躲在自己的住处，除非买必需品，他根本不出门。

可能是顾及卡洛斯的感受，也可能是格瓦拉已经看清了玻利维亚的命运，在拉巴斯住了近一个月后，他们开始继续旅行。两人顺着格瓦拉制定的路线，离开拉巴斯，直接前往秘鲁首都——利马。

故地重游，格瓦拉拜访了自己的朋友佩斯赛医生。在佩斯赛家里，格瓦拉遇见了几个"美洲人民革命联盟"的人。这几个人要去参加危地马拉的革命，现在来和秘鲁的革命同志伊尔达·加德亚联系，想要伊尔达把他们秘密送到危地马拉。格瓦拉现在对这些革命家充满了崇敬之情，和他们交上了朋友，并表示自己不久后也一定会前往危地马拉。

在利马停留了几天，格瓦拉和卡洛斯继续往北走，来到厄瓜多尔。在厄瓜多尔的一家酒吧里，格瓦拉遇到了三名大学生巴尔多维诺、埃雷索和加西亚，三个人准备去往危地马拉，但因为路费不够，家里人又不支持，只好暂时搁置。知道格瓦拉也想去厄瓜多尔后，三个人极力邀请格瓦拉和他们一起去，路上好有个照应。格瓦拉同意了，可同行的卡洛斯却不愿意，他知道危地马拉正进行着一场革命，而他也恰恰最惧怕这种事。卡洛斯计划前往委内瑞拉，然后坐船去美国。于是，格瓦拉只好与他分开了。

之后，格瓦拉与加西亚他们商议了前往危地马拉的路径，先乘船到巴拿马，然后坐火车经过哥斯达黎加、萨尔瓦多，最后到达危地马拉。这已经是他们想到的最省钱的方法了，但刚过了巴拿马，他们就已经身无分文了。加西亚是第一次出远门，身上没钱，他一筹莫展。这时，只能由格瓦拉来想办法筹钱了，他先忍痛卖掉了医学书籍，然后给当地的杂志社和报社投稿，把自己两次旅行南美洲的游记和画的图画全都寄给了他们。

然而，只有一两家给格瓦拉寄来了一点儿稿费，勉强够他们吃饭用。晚上，四个人不得不继续借宿医院。接着，发生了一件更糟糕的事，格瓦拉他们搭便车去往哥斯达黎加首都圣何塞，路上遇到了暴风雨，车不小心开进沟里，格瓦拉的腿被摔伤了。另外三个同伴把他送到当地的一家医院。

天无绝人之路，在这家医院，格瓦拉碰到了一名医生朋友，他们曾在智利麻风病医院一起工作过。这个朋友知道格瓦拉身陷困境，给他提供了很大的帮助，不仅免费帮他医好了双腿，还给他提供了充足的路费前往厄瓜多尔。

格瓦拉终于又能继续从容地旅行了，他的心思也重新放到了社会时势上。途经哥斯达黎加的时候，格瓦拉嗅到了一种民主的气息。自1952年起，代表民主的新总统何塞·菲格雷斯上任后，不仅让美国垄断企业——联合果品公司分出近半的利润给哥斯达黎加，同时还制定政策，表示愿意接纳来自世界各地的流亡者。

离开圣何塞之前，格瓦拉参观了美国联合果品公司，从公司门前走过时，他在心里暗暗发誓，将来一定要把美资本主义伸到南美洲来的这些魔爪消灭，还人民一个民主、和平的世界。

每路过一个城市，格瓦拉的思想和感悟就更进一步，他正在慢慢地提高自己的水平，也渐渐成长为一个即将爆发的革命者。

5. 初来危地马拉

1953年12月，历尽艰辛，格瓦拉一行人终于到达了危地马拉，然后，加西亚的两个同学就和他们分开了。那两个学生是来游学的，而格瓦拉和加西亚则是想要加入到革命的行列中。

那时，危地马拉的政局很不稳定。两年前，不到四十岁的阿本兹竞选为危地马拉总统，年轻气盛的阿本兹上任后，决定在国内进行一场变革，让危地马拉摆脱美国资本家的控制。但因为美国资本家与危地马拉的贵族们都有来往，而危地马拉有一多半的土地都是归贵族们拥有，想要击败美国资本家，首先要挑战危地马拉的贵族们，打破贵族专制制度。

1952年，阿本兹颁布了土地改革方案，私人所占有的土地面积超过九十公顷的，其中未耕和休耕的土地将被征收，由国家统一分配。这一方案单单从危地马拉的贵族们手中，就征收到大约七十万公顷的田地，全部分给了人民。当然，阿本兹最直接的目标还是当时危地马拉最大的一家美国公司——联合果品公司。

联合果品公司是在1899年建立的，通过在中美的不断扩张，从中美的一些落后国家廉价收购了大量的土地，其中仅在危地马拉它就拥有五十万公顷的土地，其中开发利用的部分还不到百分之十五。之后，联合果品公司在中美铺设铁路、购买船只、建立工厂，逐渐发展为一个从生产、加工、运输到销售一条龙的垄断组织。

联合果品公司的经营范围也从原来单一的果品，变为当时在电话、电报、广播、出版、制糖等各种商业活动，后来又扩大到矿产和石油工业。

在中美的很多国家，联合果品公司都建立了相当规模的庄园，庄园不仅经济优厚，自定法律制度，有的甚至还设立军营，任意逮捕和枪杀不服从命令的工人，成为名副其实的"国中之国"。而且，联合果品公司与中美各国的反动势力勾结，操纵政局。

在危地马拉，联合果品公司占据了全国最好的土地，并且控制了河流航运，可以说，危地马拉的经济命脉被它牢牢地抓在手心里。能够发展为规模如此宏大的公司，后台当然也很坚实，美国摩根集团和洛克菲勒集团是它的两大股东，真正的老板则是美国国务卿杜勒斯。

危地马拉的新任总统阿本兹敢于向这个公司发起挑战，让格瓦拉异常钦佩。他主动联系危地马拉政府，亮明自己的医学博士身份，想要加入阿本兹政府做一名医生。但政府有规定，想要加入阿本兹政府，需要一年的实习经验。格瓦拉急切地想要投身到革命之中，只能另想办法。

巧合的是，格瓦拉曾经在秘鲁旅行，遇到过几个"美洲人民革命联盟"的人，这几个人现在找到了他，并把他和加西亚介绍给他们曾提到的秘鲁同志伊尔达·加德亚。伊尔达原本是秘鲁的一名经济院学生，由于参加社会主义运动被学校除名，还遭到了资本主义阵营的逮捕，为了避难，同时也为了继续投身革命，伊尔达来到危地马拉和同志们一起对抗美帝国主义。

看到伊尔达的第一眼，格瓦拉就深深地被她迷住了，这倒不是因为伊尔达长得多漂亮，而是被她不凡的气质和思想所吸引。事实上，伊尔达的相貌还不如一般的女人，皮肤灰白，身材臃肿，说话的声音有些糙哑，年龄也比格瓦拉大。但一切缺点都挡不住格瓦拉对伊尔达的爱慕之情。

而格瓦拉留给伊尔达的印象却十分特别，既不是好，也不算坏，伊尔达说，自己第一眼看见这个帅气的青年，心里有一种说不清的感觉。她在日记本中写下了一段当时和格瓦拉见面时的感受："这个小伙子看上去很俊朗，他的身材清瘦修长，身高约有一米七五。和我们国家的人相比，长得太白了。一头栗色的头发，一双黑色的大眼睛，表情丰富。不过通过交谈，我总觉得他不太聪明，反应也有点慢。"

伊尔达哪里知道，刚见面格瓦拉就对她心存爱慕，和她说话时，格瓦拉心跳得很快，思维也有些混乱，表现有些呆笨是很正常的。

经过几天的接触，伊尔达对格瓦拉的印象越来越好，她似乎也明白了第一次见面时，格瓦拉略显笨拙的原因。两人的关系也更进一步，伊尔达把格瓦拉介绍给自己的好朋友埃莱娜·莱伊娃认识。埃莱娜来自洪都拉斯，刚从苏联和中国访问归来，带回了大量共产主义的理论和思想。之后，格瓦拉又结识了两位来自古巴的革命人士——马里奥和安东尼奥·洛佩斯。两人在参与袭击蒙卡达兵营的任务失败后，来到危地马拉避难。

据洛佩斯说，1952年3月，刚刚毕业的卡斯特罗准备竞选古巴参议员，想不到的是，在美国的鼓动下，巴蒂斯塔发动军事政变，控制了古巴政府，开始推行"考迪罗"式的军事独裁统治。卡斯特罗对巴蒂斯塔政府甚为不满，进而对蒙卡达兵营发动了一次突袭，打响了古巴社会主义革命的第一枪。

听着洛佩斯绘声绘色地描述他们的革命运动，格瓦拉突然觉得自己很渺小，他曾回忆说："这位来自古巴的战士没上过学，他讲故事的水平很一般，却很动人。古巴的袭击蒙卡达兵营事件，如果由我来说，可能会讲得更好更具体，把所有的听众都说服，但我却不能说服自己。洛佩斯可真厉害，他把一种精神融到了故事中，连我这样心存疑虑的人都被激励了。"

格瓦拉和洛佩斯相处没几天，两人就成了好朋友。洛佩斯亲切地称格瓦拉"切"。这是一个感叹词，在南美洲好友之间打招呼的都是用"切"，相当于"你好，伙计"的意思。好朋友这样称呼自己，格瓦拉当然愿意，从此，他的名字"切·格瓦拉"渐渐流传开来。

6. 阿本兹政权的倾覆

到了1954年，美国资本家针对阿本兹的土地改革方案进行反击，大量媒体刊登抨击阿本兹总统的言论，这些言论自然是出自美国人和危地马拉的贵族们。他们还称，将不惜动用武力来维护自己的利益。危地马拉的政治局势变得越来越紧张。

除此之外，美国资本家还鼓动危地马拉的反动政府，让他们承认美国在危地马拉的"主导权"。没过多久，阿本兹发现，危地马拉南部的洪都拉斯正在准备着一场武装入侵，支持者正是美国人。

危地马拉岌岌可危，人们对阿本兹政府的信心开始动摇。在这种局势下，格瓦拉也变得迷茫了。他一直认为在人民的支持下，阿本兹会带领危地马拉彻底摆脱美国资本家的掌控，而现在，一切好像又成了泡影。此时的格瓦拉，迫切需要一种精神向导，一个真正能让人振奋的理论，通过这种理论，让社会实现公正。

看到格瓦拉日渐消沉，伊尔达成为了他的精神导师，同时也把社会主义理论介绍给他说："我认为，这世界上最伟大的革命家当数苏联人。苏联著名文学家托尔斯泰、高尔基、陀思妥耶夫斯基等，他们的作品都体现出了俄国人那深邃的思想。而革命家列宁、恩格斯、马克思的《论帝国主义是资本主义发展的最高阶段》《从空想社会主义到科学社会主义》《资本论》则可以说是革命家的典范之作，让我们看清了社会的本质。毫无疑问，社会主义要比资本主义更加先进，更加人性化。"

此外，伊尔达还送给格瓦拉几本马克思的著作，让他好好研究一下马克思主义。其实，格瓦拉早就对社会主义以及共产党感兴趣了，只是一直没有机会去了解，现在有伊尔达的推荐，格瓦拉开始接触马克思的书籍，也结交了很多共产党员，他的思想逐渐倾向于马克思主义了。

2月12日，在给家人的回信中，格瓦拉首次写到自己有兴趣加入共产党："危地马拉的政局每况愈下，我很赞同危地马拉政府的立场，可是政府在美帝国主义的施压下，表现得很软弱。在这种大环境里，唯有危地马拉的共产党还是一往无前，勇于和美国人做斗争。这样的党派是值得信任的，也是我一直苦苦追寻的。现在，我已经加入了共产党人组建的公会，作为医生，能为共产党人治疗，我感到很自豪。"

在国内外的双重压力下，阿本兹政府眼看就要倒台，有很多怯懦的政治人员纷纷逃离危地马拉，以免惹祸上身。很多共产党员也遭到了迫害，死的死，逃的逃，国内的反美势力日渐减弱。到了4月份，格瓦拉的同伴加西亚返回了阿根廷，家人强制要求他去布宜诺斯艾利斯举行婚礼。同伴走了，格瓦拉有一种深深的孤单感。幸好还有伊尔达在，否则格瓦拉一个人完全没办法继续在危地马拉待下去。

随着危地马拉的反动势力越来越猖獗，共产党员的活动受到了很大限制，到后来，格瓦拉所在的公会也被解散了。迫于生计，他不得不去往码头做苦工。尽管每天要工作十二个小时，可挣的钱却连吃饭都不够。亲身经历了这种残酷的剥削，格瓦拉对资本主义更加痛恨，他在日记里写道："那些贪婪的资本家，他们竟然残忍地榨取苦工身上的那一点可怜的血汗钱，有朝一日，我一定会推翻他们，把他们狠狠地踩在脚下。"

自从阿本兹的土地改革方案颁布后，美国人和危地马拉贵族们的反对声一浪高过一浪。其间，联合果品公司也被没收了上万公顷的土地。愤怒的杜勒斯利用手中的权力，在洪都拉斯组建了一支雇佣军，配备上美国的先进武器，由阿玛斯指挥准备开进危地马拉。阿玛斯宣布，要帮助危地马拉的人民摆脱共产主义的魔爪，重新得到解放。

6月初，阿玛斯派几架飞机前往危地马拉散发传单，当时的危地马拉武器落后，别说对空力量，有很多人根本没见过甚至听都没听过飞机。当飞机飞过危地马拉上空，响起"隆隆"声时，他们吓得四处逃窜，还以为是来了妖怪。传单散下来，人们的心里更是充满了恐慌，感觉他们根本不可能战胜美国人。

6月中旬，美国雇佣军越过洪都拉斯边境，开始进攻危地马拉。先是一阵空袭，十几架飞机在危地马拉随意地轰炸、扫射。危地马拉人都躲进了地下室。接着，雇佣军开着坦克，端着机枪，凶猛地冲进了危地马拉。

年轻的阿本兹总统似乎有些畏惧美国雇佣军的力量，下令军队不得与雇佣军正面交战。危地马拉的军队只能节节败退。美国雇佣军每到一个地点，就像虎入羊群一般，把危地马拉人打得溃不成军。

仅仅用了十几天的时间，美国雇佣军就占领了危地马拉的首都，总统阿本兹逃进了墨西哥大使馆。雇佣军首领阿玛斯接任危地马拉总统职位，一场针对反美势力的残酷镇压开始了。

阿玛斯执政不到两个月，就有上万的危地马拉人和一些外籍反美人员被杀害，大批左派人士出国逃难。联合果品公司的垄断地位也得到了巩固和加强，不仅收回了原来丢失的上万公顷土地，还另得了几万公顷。

这时，格瓦拉却坚持留在危地马拉，受到马克思主义的影响，他不惜冒死为革命做宣传。格瓦拉不想看着危地马拉就这样落入美国人之手，哪怕有一丝希望，他也要尽力改变危地马拉的局势。显然，格瓦拉的内心再一次获得了成长，他慢慢地变成了一位坚强的战士。

格瓦拉在危地马拉进行革命宣传时，美国情报局专门给他立了一份档案，后来，这份档案随着他的革命行动变得越来越厚。最终，格瓦拉成了美国人最头疼的社会主义革命家之一。

第五章　走向战斗

1. 情困墨西哥

　　由于大部分反美势力都被镇压，尽管格瓦拉努力地为革命做宣传，危地马拉还是彻底沦陷了。迫于无奈，他只得计划离开危地马拉。此时，伊尔达也准备离开危地马拉。格瓦拉希望她能陪自己一起前往墨西哥。但伊尔达拒绝了，她想要回秘鲁，一是为了看看家人，二是可以继续自己的共产主义事业。格瓦拉有些伤心，他还想趁着这个机会向伊尔达求婚呢。

　　格瓦拉离开危地马拉时，请求伊尔达能送自己一段路。伊尔达对格瓦拉也是恋恋不舍，陪着他坐了两三站路，两人才就此分手，各奔东西。

　　坐在火车上，格瓦拉的心情非常低落，革命事业屡遭挫败，爱人也离自己而去。他现在只有继续旅行、继续流浪，期望能够发现新的理想之地。

　　苦闷、寂寞的格瓦拉为自己的现状写了一首诗：

　　　　我走上了一条孤独的路，这条路看不到尽头。陪伴我的，只有那无尽的寂寞。有时，我的脸上也会挂着微笑，但它的虚伪只有我自己知道。心中的悲苦挥之不去，何时何地才是我旅行的终点呢？

　　到了墨西哥，格瓦拉开始漫无目的地四处乱转，也因此招来了一些小麻烦。一天，他在街上走着，喉咙有些不舒服，就随地吐了一口痰。一位墨西哥警察发现了，过来训斥了他一顿不说，还罚了他几十比索。这让格瓦拉非常不满，他在日记中写道："来墨西哥的第一天，就被警察罚款了。我感觉自己好像到了一个充满敲诈的国家，只要有机会，墨西哥警察就会狠狠地勒索你一把。"

在墨西哥清闲了半个月，格瓦拉身上的钱也差不多花光了。为了生计，他去了几家医院应聘。因为是医学博士，又有几年的工作经验，几家医院抢着要他。格瓦拉选择了一家工作最轻松的医院，每天上午在那里看半天门诊。其余时间，他一边学习马克思主义，一边尝试着联系墨西哥国际共产党员。

事有凑巧，格瓦拉四处打探共产党的下落时，碰到了他的古巴朋友洛佩斯。洛佩斯离开危地马拉后，也来到了墨西哥，并跟着墨西哥共产党继续展开革命斗争。其实，当时整个中美洲都充满了斗争，一方是共产主义，另一方是资本主义，几乎每个国家都有共产党和美国人相互较量。

能够见到好朋友，格瓦拉自然十分高兴，听洛佩斯说到共产党，更是欣喜万分，他终于又接触到了自己的理想事业。两人见面后，亲切地聊天，格瓦拉表示了自己想要加入墨西哥共产党的意愿。洛佩斯欣然同意，他说："现在我们正缺人手，能够加入像你这样一位有学问的人再好不过了。"就这样，格瓦拉加入了墨西哥共产党。

11月初，格瓦拉得到一个意外的惊喜：伊尔达来到了墨西哥。原来，伊尔达一直都没能回到秘鲁，几个月前，她送走格瓦拉，返回危地马拉城收拾行李，却遭到了阿玛斯政府军的逮捕，被关押了几个月。阿玛斯政府军查清她只是一个普通的共产党，与阿本兹政府没有关系，便将她驱逐到墨西哥。

伊尔达本想到了墨西哥后直接坐船去秘鲁，谁知道，在通过墨西哥边境时，一位喝醉酒的军官拦下她，不仅拿走了她所有的钱，还逼迫她留下来陪自己。情急之下，伊尔达跳河逃走，遇到了一位墨西哥共产党人才获救。看到墨西哥共产党也在积极展开革命行动，伊尔达决定留下来协助他们。

见到伊尔达，格瓦拉惊喜不已。同时，他认为这肯定是上天注定的缘分，让自己和伊尔达走到一起。这一次，格瓦拉不想再错过机会，他找了一个时机，向伊尔达求婚。可伊尔达的心思全部放在了革命上，根本没考虑过结婚的事。格瓦拉突然求婚，让她觉得有些不知所措，只能先婉言拒绝了。

然而，格瓦拉却一点儿放弃的意思也没有，在之后的两个月里，他不断地向伊尔达求婚，希望伊尔达嫁给自己。虽然伊尔达一再拒绝，但她也开始思考自己的婚姻问题了。直到第二年2月，伊尔达终于答应了格瓦拉的请求，两人计划3月份在墨西哥结婚。可好事多磨，3月初，他们马上要准备办理结婚证时，伊尔达在格瓦拉的书本里发现了一张泳装女子的照片，一向保守的她赌气和格瓦拉绝交。任凭格瓦拉百般解释，伊尔达就是不理他，无奈之下，格瓦拉只好暂时放弃了结婚的想法。

为了尽快摆脱失恋的烦闷心情，格瓦拉全心投入到了工作中。此时他早已辞去了医院的工作，在一家墨西哥新闻社做摄影师，但他并没有放弃医学研究。空闲时间，他一边学习马克思主义，一边撰写医学论文。因为出色的医学研究，他还得到了一笔研究经费。

格瓦拉连续一个月没有找伊尔达，伊尔达先着急了。她主动打电话联系格瓦拉，表示自己不再生气了，也愿意立即和格瓦拉结婚。听到这个消息，格瓦拉马上去找伊尔达，两人着手办理结婚证件。

但墨西哥政府却不同意给格瓦拉和伊尔达办理证件，说两人都被危地马拉的政府通缉过，他们的身份不合法。"没有结婚证，我们一样是夫妻！"格瓦拉愤怒地喊道。1955年5月，格瓦拉与伊尔达来到奎尔纳瓦卡，在这里，朋友们帮忙举办了一场简单的婚礼，两人正式结为夫妻。

2. 革命领袖卡斯特罗

结婚后，格瓦拉和伊尔达在墨西哥城租了一间小房子，开始共同生活。时间过去了一个多月，这时，格瓦拉生命中一个重要的朋友来到墨西哥城，他就是伟大的古巴革命领袖卡斯特罗。

卡斯特罗出生于古巴比兰镇一个比较富裕的家庭。父亲安赫尔原来住在西班牙，是名军人，来到古巴后，靠种植甘蔗成为富裕的园主。母亲原本是种植庄园里的员工，后来成为安赫尔的第二任妻子。

受到父亲的影响，卡斯特罗自幼胸怀大志，崇尚自由、民主，富有强烈的反压迫意识。在父亲的种植庄园里看到农民们受苦，他便带领农民罢工，要求父亲给他们涨工资，弄得父亲哭笑不得。

1945年，卡斯特罗考入哈瓦那大学，选修法律系。当时，拉丁美洲民主运动盛行，各国学生都组织了声势浩大的民主游行，反对政府独裁，反对美帝压迫。卡斯特罗当然也参与了游行，而且成为哈瓦那大学学生游行的组织者。游行遭到了古巴军队的镇压后，卡斯特罗逃到了哥伦比亚，在波哥大大学继续求学。

三年后，卡斯特罗加入了首都举行反美学生游行的队伍，并参与了波哥大大学反对独裁统治的暴动，遭到了哥伦比亚政府军的残酷镇压，卡斯特罗又潜逃回了古巴。

1952年3月，古巴的政府要员巴蒂斯塔发动了武装政变，建立了独裁统治。第二年，年轻的卡斯特罗带领一百多名爱国人士攻打蒙卡达兵营，想要从中夺取大量的武装，然后再在全国发起反独裁的战争起义。但是，因为人数、武器和实战经验上全都不如政府军，偷袭蒙卡达兵营失败，卡斯特罗遭到逮捕。

上了法庭，卡斯特罗激情洋溢地发表了"历史将宣判我无罪"的演讲。演讲中，他提出了自己成为古巴领导人后，将怎样解决国内土地管理、工业化、失业、房屋、教育和人民健康等六大社会焦点。最后，他大声地向人们说："判决我吧！没有关系。历史将宣判我无罪！"

最终，卡斯特罗被判了十五年有期徒刑，关进了距离哈瓦那一百多公里的一座孤岛监狱里。三年后，到了古巴总统的选举时间，独裁者巴蒂斯塔做了一些虚假的场面和投票，继任总统。然后他为了赢得民心，还特赦了大批的政治犯。卡斯特罗也被释放出来，一出狱，他马上和以前的革命同志们一起聚集到墨西哥。

来到墨西哥，洛佩斯热情迎接了这位革命领袖，并把他介绍给了格瓦拉。卡斯特罗和格瓦拉在思想、性格和理想上极为相似。此时的格瓦拉已经完全信奉马克思主义，而卡斯特罗也是一位杰出的马克思主义者。两人一见如故，初次会面，他们就聊了整整一夜。格瓦拉清楚地记得："我们第一次谈话，长达十几个小时。从第一天下午，一直聊到第二天清晨，我们好像都终于找到了真正懂得自己的人。"

在那十几个小时里，格瓦拉向卡斯特罗讲述了自己的旅行历程，以及在旅行中看到的革命形势。其中，格瓦拉重点叙说了自己在危地马拉的所见所想。后来，卡斯罗特回忆说："当时格瓦拉的见识，要远远比我丰富；他的思想，也比我更深邃。"

谈话结束时，格瓦拉决定接受卡斯特罗的邀请，成为古巴革命军的一名军医。等卡斯特罗积蓄好足够的力量，他们便一起前往古巴展开革命运动，推翻古巴独裁者。

从此，格瓦拉与卡斯特罗成了一对好战友，在墨西哥停留的那段时间里，无论有多忙，他们每周也要见上两三次，讨论一些革命思想和理论，努力把马克思主义运用到现实革命中去。

虽然准备参加卡斯罗特的革命行动，但格瓦拉却丝毫没有获胜的信心。特别是在看过中美几个国家的革命失败后，他更是感觉胜利无望。这种情况下，格瓦拉参加革命只是为了一种理想。

在《革命战争回忆录》里，格瓦拉写下了自己当时的心态："刚开始，站在卡斯特罗这个革命领袖一边，我从来没想过要胜利。面对强大的美帝国主义，中美很多国家的革命都败得很惨。我之所以参与革命，是一种冒险精神让我相信，为了自己的理想，就算是死在异国也心满意足了。"

这时，格瓦拉和卡斯特罗都已经被美国联邦调查局盯上了，他们派人秘密监视两人的行动，看两人有没有什么反美举动，并准备随时拘捕格瓦拉和卡斯特罗。

一天，格瓦拉的住所被小偷光顾了，丢了一些零碎的小东西，屋里被翻了个底朝天。格瓦拉认为这一定是美国联邦调查局干的好事，他早就注意到有美国人监视自己了。之后，格瓦拉和卡斯特罗每次会面都非常小心，而且他们协定，都不在记事本中写下两人交谈的任何细节。

3. 开始军事集训

1955年8月初，伊尔达突然对格瓦拉说，她怀孕了。听到这个消息，格瓦拉惊讶得合不拢嘴。一方面他非常高兴，自己要做父亲了；另一方面他又很为难，作为一个流浪的革命者，他根本无法担负起家庭的责任。可不管怎么说，孩子还是要生下来的。格瓦拉不得不加紧补办结婚手续，毕竟他们还不是合法的夫妻。

格瓦拉本想请卡斯特罗为他们证婚，但是想到两人的身份和安全，只能作罢。但在卡斯特罗的帮助下，格瓦拉总算是办下了结婚证。为此，格瓦拉与伊尔达又举办了一次结婚仪式。那天，在墨西哥城的郊外，格瓦拉特地做了阿根廷烤肉，请前来贺喜的朋友品尝。卡斯特罗开玩笑说："味道不错，不过，怎么吃着都有一种古巴烤肉的味道。伙计，你不会是偷学我的手艺吧！"惹得众人哈哈大笑。

怀孕的伊尔达不能再跟随革命队伍四处奔波了。格瓦拉把她安顿好，一个人继续投身于革命事业中。

而当革命准备行动开始后，格瓦拉才了解到，他们的革命道路有多么困难。首先是人手和资金都严重不足。为了募集资金，卡斯特罗跑到了美国，对美国古巴侨民宣传自己的民主思想，希望他们能资助自己，支持革命事业。看着这个充满激情和理想的年轻人，很多古巴侨民慷慨解囊，资助革命军，并祝福卡斯特罗的革命能够取得成功，让自己的祖国成为一个真正民主、自由的国家。

得到了大家热情的支援，卡斯特罗内心升起一股暖流，他向古巴侨民承诺，一年之后，革命军就会回到古巴和独裁者展开斗争。同时，他还对侨民说："回到古巴，我们革命军只存在两种可能：一是为古巴带来民主和自由，二是我们全部成为烈士。"不成功便成仁，卡斯特罗已经做好了破釜沉舟的准备。

筹到充足的资金，卡斯特罗马上回到了墨西哥。正值圣诞节，格瓦拉和卡斯特罗请来了他们最好的战友，聚在一起吃圣诞大餐。他们买了一些烤猪肉、果仁、水果以及几瓶酒。对于他们这些逃亡在国外的革命战士来说，能吃上这些食物已经很难得了。等回到古巴，他们可能再也没有机会吃到美味佳肴了。

有了资金，接下来则是挑选战士了。卡斯特罗先是召集了蒙卡达兵营事件中的幸存者，共十二人，一同前来的还有二十六名古巴流亡士兵。这时，格瓦拉的朋友加西亚带着几名阿根廷共产党也赶来墨西哥，算上格瓦拉以及一些国际同盟的人二十个，加上古巴战士，革命队伍总计六十人。

靠这仅有的六十人，想要推翻古巴政府，无疑是难如登天。卡斯特罗说他们想要赢就只有一个办法——打游击战，一边打游击，一边在国内扩展革命势力。事到如今，也只有硬着头皮干了。

首先，他们要好好地训练这六十人，让所有的士兵彻底掌握游击战的要领。卡斯特罗租下了一间破工厂，把它改造成军营，设有政治课堂，还有军事训练场，实行全封闭的管理，所有人的信件则由伊尔达代收。革命组织总算是建成了，准备发起"七二六运动"，"七二六"正是蒙卡达事件的发生日期。

组织对外绝对保密，哪怕是最好的朋友也不能提半句，否则一且被美国联邦调查局盯上，他们很可能就会招来灭顶之灾。

训练即将开始，但他们还缺乏一位优秀的军事教练。卡斯特罗虽然指挥过战斗，但对于游击战，他完全是个门外汉。格瓦拉更不必说，到现在为止，他还从来没有参加过任何军事战斗。两人经过多方打听，终于物色到了一个合适的人选，他就是墨西哥的退休将领阿尔贝托·巴约。

阿尔贝托出生在古巴，后来，随父母移居到墨西哥，长期在墨西哥的驻外军团服役。战争中他被打瞎一只眼，讨厌独裁专制，比较欣赏革命家。最重要的是，他是一位非常擅长打游击战的人。在服役期间，阿尔贝托曾经不止一次地提出，想要对付强大的敌人，游击战绝对是最佳的选择。之前他还写过一本关于游击战的书，在书中写道：一些国家的革命党实力弱小，想要与政府军对抗，只有靠游击战才有机会取得胜利。

阿尔贝托确实是格瓦拉他们进行军事训练的最佳人选。但还有一个问题，格瓦拉觉得阿尔贝托像一只狡猾的狐狸，让人难以捉摸。他虽然答应帮助革命军训练军队，可要价却高得可怕，经过协商，双方最终以五万比索达成合作。

其实，阿尔贝托只是想通过要价，来试探一下卡斯特罗这个人，根本没有想要赚钱。事实上，在接下来的训练中，他不仅分文未取，还变卖了自己的家产，丢下原来的工作，来帮助革命军训练队伍。

此时，格瓦拉换了一家医院工作，开始重点学习止血、疗伤的医术，好在以后的战场上救助战友。一有机会，他便跑到训练营，和士兵们一起进行游击战特训，训练的内容包括山地行军、渡河、射击、隐蔽等。受到加西亚的影响，大家都称呼格瓦拉为"切"。

格瓦拉的身体素质不太好，哮喘病一直断断续续地发作，但他还是靠着自己惊人的毅力，成了军事训练中表现最出色的士兵。特别是在射击上，每次他都能拿满分，连军事教练阿尔贝托都很佩服他，说他是自己见过的最优秀的学生。

在军事特训中，格瓦拉把重点放到了耐力训练上。他知道哮喘病是自己身体的最大缺陷，为了克服这一缺陷，格瓦拉把目标定为攀上波波卡特佩特火山的山顶。这座山是墨西哥第二高山，海拔5456米，是格瓦拉军事训练的最大考验。

身为军医，格瓦拉也常常给战士们传授医学知识，教给他们一些急救的方法。战场上懂得急救，生存的机会显然会大很多，所以战士们总是会认真地听格瓦拉讲课。除了担任医生外，格瓦拉在军队里还有一个身份是政治委员，负责给战士们讲解马克思主义。但不是每个人都热衷于马克思主义，当格瓦拉给战士们上政治课时，有很多人就开始打盹了。

不管怎么说，到现在为止，军事训练进行得还算顺利。

4. 暴露行踪

就在格瓦拉进行军事训练的时候，一件喜事降临到他身上：他的第一个孩子出世了——一个胖乎乎的印第安小女孩。格瓦拉给女儿取名叫伊尔达，跟她妈妈一个名字。但平时格瓦拉并不这么叫她，而是亲切地称她为"我的小印第安姑娘"。其实，格瓦拉更想要一个儿子，他知道自己参加革命可能会随时丧命，如果有一个男孩的话，更适合继承革命事业。

不过，女儿的出生仍然让格瓦拉感到很兴奋，他写信告诉家里的父母，自己终于做爸爸了。格瓦拉的父母也非常高兴，回信给格瓦拉，让他找个时间把女儿带回家来，好让他们抱抱。他虽然满口答应，但因为革命事业却一直没能回家去。

格瓦拉并没有因为女儿的出生而放弃训练，卡斯特罗准备给他放两个月的假，他却执意不肯，而是请了一个保姆照顾她们母女俩。

1956年6月20日，革命党出事了。卡斯特罗刚刚从军事训练营出来，马上遭到了墨西哥警察的拘捕。当天晚上，又有十几个战士被捕。原来，古巴巴蒂斯塔政府一直都在秘密调查卡斯特罗的行踪，尽管他做事非常小心谨慎，军事训练一直处于保密之中，但革命党的名单和信息还是被特务查到了。

巴蒂斯塔得知卡斯特罗在墨西哥进行秘密军事训练，他马上联系墨西哥政府，想借助他们的警力除掉卡斯特罗革命党。不仅如此，他还向美国请求援助。美国人得知卡斯特罗在墨西哥秘密活动，便立即开始向墨西哥政府施压，要求他们立即拘捕革命党。墨西哥政府本就是亲美势力，得到美国大使馆的命令，他们马上下令拘捕卡斯特罗。因为没有切实的证据，墨西哥警察竟以"违反交通规则"为名把卡斯特罗抓了起来。

第二天上午，警察们来到格瓦拉家里，只见到了格瓦拉的妻子伊尔达和他几个月大的女儿。他们一再追问格瓦拉的下落，伊尔达却什么都不肯说。据伊尔达回忆说，在审讯的时候，她看到了几个美国人，看来这次抓捕革命党的行动，背后一定是美国联邦调查局在搞鬼。

虽然伊尔达不肯交代格瓦拉的藏身之处，但警察却从另外抓的十几个人口中问出了军事训练营的下落。于是，警察押着卡斯特罗和其他十几个革命党前往训练营。

当时，训练营里的人知道外面出事了，但没想到警察们这么快就找到这里。6月24日早上，格瓦拉正在房顶上监视周围的活动，突然发现四周有大批的警察朝着训练营冲来，他赶紧通知大家准备战斗。可没想到，警察以卡斯特罗作为人质要挟他们，格瓦拉让劳尔带着一部分人从暗门逃走，自己则带着剩余的十几个人被捕。就这样，格瓦拉、卡斯特罗、加西亚等二十几个人，被关在了墨西哥移民局的监狱里。

这件事在社会上引起了广泛关注，国际共产同盟和大部分墨西哥有志青年都声援格瓦拉他们，而被捕的古巴战士在监狱里绝食抗议。因为没有确切的犯罪证据，被关押了十几天后，大部分革命党人都被释放，只有格瓦拉、卡斯特罗和加西亚仍然被留在移民局。墨西哥政府解释说，这三个人的签证过期，将把他们作为非法移民引渡回国。

引渡回国对格瓦拉和加西亚来说倒没什么，但卡斯特罗绝对不能回去，否则他一定会被巴蒂斯塔抓起来，可能一辈子都要待在监狱里了。这时，劳尔说动了墨西哥前总统前来帮忙，通过他在政府里的关系，卡斯特罗也被释放了。离开移民局前，格瓦拉对他说："出去后，继续进行你的革命计划，不用管我们两个。"卡斯特罗却坚定地回答："我绝不会抛下你们的，我们要一起回到古巴战斗。"

看着卡斯特罗离开移民局，格瓦拉的心情非常失落，难道自己真的就这样被遣送回阿根廷吗？眼看古巴的革命迫在眉睫，自己真想再为他们出一点力！格瓦拉看着窗外，突然想给家里人写封信。在信中，他激昂地解释了自己的马克思主义信仰，也提到了死亡的话题，信中写道："我已经和古巴革命结下了缘分。如果不能胜利，就勇敢面对死亡。现在，我有了一个孩子，可以把我的信仰永远传递下去。"在信的结尾，格瓦拉还引用了两句诗来体现自己的大无畏精神："我将坚定地走向坟墓，只为唱响那一首悲壮的歌。"

看到自己的儿子要奋不顾身地投入革命，母亲泪流满面，她写信责备儿子太有献身精神。而格瓦拉则回信说："我不是耶稣，也算不上慈悲。相反，我和耶稣完全不一样，我更想给自己找到一个对头，而不是让自己承受所有的罪过。所有伟大的事情均源自热情，革命需要非常大的热情及勇气。希望您能理解我，儿子，切。"这是格瓦拉第一次对家人用自己的革命绰号"切"。

格瓦拉注定要为革命和理想献身，为了革命，他抛弃了家人；为了理想，他放弃了舒适的生活。也因此，他注定要成为一个伟人。

5. 革命的战歌响起

从监狱里出来的卡斯特罗秘密集合了革命队伍，并重新募集资金购买了很多枪支弹药，还租了一个新场地。但由于已经被政府盯上，军事训练不能继续进行了，而且阿尔贝托也不愿再帮助他们，卡斯特罗只能加紧准备，带领军队登陆古巴。

他花了一万多美元买了一艘游艇，作为登陆古巴的交通工具。游艇的名字叫"格拉玛号"，原本是一个瑞典人的游艇，看起来还不算太旧，实际上里面的很多零件都坏掉了，连发动机也会时不时地停止运转。

那个瑞典人说，这艘游艇最近才经历了一场台风，需要好好修理一下。卡斯特罗对游艇的好坏不怎么在意，只是觉得游艇有点小，正常情况下只能装二十五人，这肯定会给他们的登陆带来很多不便。但因为手里的资金实在不够买更大的船，只好暂时这么定了。

一切准备得差不多后，卡斯特罗开始想办法营救格瓦拉。通过朋友的关系，他给墨西哥警察厅的长官送去了几个红包，很快格瓦拉和加西亚就被释放出来。但警察告诫他们说，十天之内，两人必须离开墨西哥。

显然，格瓦拉根本不会听警察的话，出了移民局，格瓦拉和加西亚马上躲进了卡斯特罗的队伍里。偶尔，他也会偷偷回家看看妻子和女儿，但却不敢停留太久，他知道，美国人一定对自己家有着严密的监视。

其实，格瓦拉回家主要是为了看自己的女儿，他和妻子伊尔达的感情似乎出现了一道裂痕。原本一路相互扶持走过来的夫妻俩，竟然在女儿出生后变得感情不和了。他们的感情变化并不是因为格瓦拉顾不上家，其实伊尔达从来没有感觉到自己被冷落过，相反，她说格瓦拉在这段时间里更加关心自己。格瓦拉说，他们感情生疏的原因主要是两人的观念和思想发生了分歧。

在这段时间，格瓦拉曾给母亲写了一封信，在信中提到："伊尔达所在的拉丁美洲共产联盟，竟然和秘鲁新任总统普拉多勾结到一起。普拉多是秘鲁修正主义的代表，他们与共产主义的信仰完全背道而驰。可是，伊尔达却仍然支持他们。我是因为她才成为了共产主义的忠实信仰者，想不到，现在她却成了反共政党，而且还执迷不悟。我想我们的生活是走到头了。"

确实，两人因为共同的信仰而结合，现在，精神上的差异让他们貌合神离，分开也是早晚的事。但此时格瓦拉的心思却没有放在婚姻上，因为卡斯特罗马上就要准备登陆古巴了。

卡斯特罗这么着急展开行动，是因为此时"七二六"组织中一些人的革命信心开始动摇了。经历过上次的被捕事件后，甚至有人对卡斯特罗提出想要脱离队伍，这让卡斯特罗感到了一种深深的危机。如果再不发动行动，可能有越来越多的人想放弃革命了。于是，卡斯特罗决定及早展开行动，马上开始登陆古巴。

然而，有很多老革命同志却不太赞同。古巴国内革命负责人弗兰克·派斯接到卡斯特罗要登陆的消息后，马上回信说："现在行动还早了一点，东部地区的革命军还没有完全准备妥。"同时，古巴社会党的共产主义者也传来消息，他们准备在来年1月份配合古巴雇工们响应起义。但即使如此，卡斯特罗还是没有改变初衷，和格瓦拉商议后，他们还是决定现在就前往古巴展开革命行动。

卡斯特罗要返回古巴的消息不胫而走，巴蒂斯塔严令加强海军巡逻，一旦遇到企图登陆的革命军，立即就地歼灭。局势对革命军非常不利，但卡斯特罗却信心十足，他相信自己的军队，相信国际友人，也相信古巴人。他是为了民主和自由而来的，人们一定会支持他，打倒独裁的巴蒂斯塔。

1956年11月，在返回古巴之前，卡斯特罗在《钟声报》发布声明："在两周之内，如果独裁的巴蒂斯塔不辞职，我将会运用革命斗争的方式，让他的政府瓦解，还给古巴人一个自由、民主的天地。"当年在美国向古巴侨民许下的誓言，终于到了兑现的时刻。

四天后，战士们带上武器、衣服、干粮和水来到海岸边的一间旧的房子里，游艇"格拉玛号"就停在外面，八十二个战士在这里集合，整装待发。临行前，格瓦拉回家吻别了自己的妻子和女儿，但他并没有说自己要去哪里。伊尔达看着精神饱满的格瓦拉，心里突然有了一种不安，感觉格瓦拉可能再也不会回来了。可她什么都没有说，因为她知道，自从格瓦拉投身革命的那一刻起，他的生命就不再属于这个家了。在格瓦拉离开家前，伊尔达只是轻声地提醒他，记得带上治疗哮喘的喷雾剂。然而，格瓦拉终究还是忘记了，这也给他之后带来了不小的麻烦。

1956年11月25日夜晚两点，卡斯特罗指挥大家把武器和行李搬上"格拉玛号"，然后八十二个强壮的战士挤在一个小小的游艇上，沿图斯潘河顺流而下，驶入大海，向着古巴缓缓开去。

在船上，古巴战士们一起高唱着国歌。激情澎湃的格瓦拉也加入到其中，虽然他唱得有些跑调，但他的心绝对与古巴战士们一样，充满热情和渴望。

古巴的革命战争马上就要打响了！

第六章　古巴革命

1. 闹剧般的登陆

刚出海时，所有人都信心满满，不过，很快他们就遇上了麻烦。一场暴风雨悄然而至。海上的暴风雨是疯狂的，风在吼，海在啸。小游艇在暴风雨中像一片树叶，飘摇不定，几近翻船。几乎所有人都开始晕船，连卡斯特罗也趴在船边吐个不停。身为军医的格瓦拉还算镇定，可是，呼呼的狂风引发了他的哮喘病，这时他才发现，自己竟然忘记带上治疗哮喘的喷雾剂。结果，他不仅不能帮别人治病，还得有人来照顾他。

晕船还能承受，面对暴风雨，战士们更担心的是船会被打翻，有人甚至开始默默地祷告。而祷告似乎起了用处，暴风雨小了很多，但过了一会儿，"格拉玛号"却吃不消了。原本只能载二十五个人的小游艇，现在硬是塞了八十多个壮汉，而且还有很多武器和行李。慢慢地，似乎有海水浸入游艇里，船底积了一层水。

卡斯特罗急忙命人拿出船里的水泵，开始抽水。谁知道积水越抽越多，一会儿就淹没了脚踝。这下卡斯特罗着急了，他可不想革命队伍还没登上古巴就被一场暴风雨给"消灭了"。与几个领导者紧急商议后，卡斯特罗决定，除了一些必需品，把武器和行李扔下船，只要战士们能安全到达古巴就行。

为了活命，大家只好把船里的东西一一扔下去。可是，等船里的东西差不多快扔完了，游艇里的积水还是在增多。没有办法，看来他们只能弃船游回墨西哥了。屋漏偏逢连夜雨，战士们晕船的难受劲还没缓过来，现在又需要游回墨西哥。正当大家灰心丧气地准备跳船时，有一个士兵突然发现了游艇进水的真正原因。原来不是因为船底裂缝，而是一个救火用的水龙头不知为何打开了，把海水都抽到了船上，刚才由于暴风雨的缘故，大家都很慌乱，没人注意到它。

不用跳船固然是好事，可他们的装备也差不多扔光了。战士们晕船的状况刚刚缓解，又不得不忍受饥渴。而卡斯特罗和格瓦拉更担心另一个问题，他们的武器没了，如果在登岸时遇到了敌军，岂不是要任人宰割？为今之计，他们只能希望自己登陆时不会被发现，然后再立刻联系古巴境内的革命党，寻求一些支援。

船里的积水虽然不是因为负荷过重，但游艇却因为他们人数太多导致动力不足，行进速度比他们预计的慢了很多。原本计划五天到达古巴，结果用了整整七天，这两天的航程之差，让他们之后的计划被全盘打乱了。

一开始，他们和古巴境内的革命党商定好，11月30日，卡斯特罗带领部队到达古巴奥连特省，国内的革命党同一时间响应起义。两军会合后，一起攻占蒙卡达兵营。结果到了那一天，卡斯特罗他们还在海上漂荡，圣地亚哥的革命党在傍晚发动起义，攻击了当地的警察驻地，夺走了海事警备所的武器。战斗断断续续打到了清晨，却一直不见卡斯特罗他们登陆，反而是巴蒂斯塔就近派了四百名政府军队赶来围剿。情况紧急，圣地亚哥的革命党也不知道卡斯特罗那里到底出了什么问题，只能暂时放弃会合，匆匆撤退。

而革命党的这一行动，却暴露了卡斯特罗的登陆地点。巴蒂斯塔通过革命党攻占海事警备所断定，墨西哥赶来的革命军一定会在奥连特省登陆。于是，他下令部队戒严奥连特省，就等着卡斯特罗自投罗网。从墨西哥回来的革命党，将面临着一个巨大的危机。

12月2日清晨，天光微亮的时候，卡斯特罗他们终于看到了古巴的陆地。此时，船上的淡水、燃料和食物全部都用光了，看到陆地，他们自然高兴万分，有的人甚至手舞足蹈起来。但卡斯特罗和格瓦拉却一脸阴暗，因为他们不是逃难来的，他们是前来战斗的，但现在，手里一支武器都没有，登陆时间也晚了两天，国内的接应队伍早走了。所以，他们上岸面临的不是救助，反而很可能是一场灭顶之灾。

格瓦拉和卡斯特罗的担心是正确的，在奥连特省等待他们的，正是大量的政府军。然而，可能是受到了上天的眷顾，他们的登陆地点比原来的计划偏离了两公里，这让革命军避开了政府的大部队，避免了被活捉的命运。即使如此，革命军的登陆也依然面临了种种困难。

游艇靠岸后，他们踏上的是一片烂泥地，污水和稀泥淹没了膝盖，走起路来深一脚、浅一脚，感觉随时有可能全身都深陷到烂泥之中。卡斯特罗一边提醒大家注意，一边小心地帮扶同志。其实，卡斯特罗自己的情况也好不到哪里去，他长得人高马大，陷得比别人更深，卡斯特罗曾回忆说："那种感觉，比戴两个脚镣还难受。"

格瓦拉是最后登陆的人，在海上缺吃少喝地漂泊了一周后，却在这样的烂泥地里上岸，他的心情简直糟糕透了。又累又饿的格瓦拉，觉得这片烂泥地特别长，用尽全身的力气，才终于爬出了烂泥滩。在日记里，他抑郁地记录道："我们辛辛苦苦来到岸边，却在一片烂泥地里挣扎。这哪里像军队登陆，简直就是一群逃难的奴隶。幸好我的哮喘病没有再次发作，否则真不知道能不能熬下去。"

从烂泥里爬出来,他们就进入了一片长满灌木的丛林中。丛林中到处都是蚊子,就像是饿红了眼的吸血鬼一样,"嗡嗡"地朝革命军扑过来。战士们不停地咒骂、拍打,这可能是迄今为止,他们经历的最糟糕的情况了。

可是,厄运还远远没有结束。一艘奥连特省边境巡逻艇发现了革命军,立即将消息汇报给了政府军,巴蒂斯塔调遣了城中的大部队前来围剿,同时,派遣了几架飞机辅助攻击。

不一会儿,天空中"隆隆"声响起,几架飞机呼啸而来,对着革命军胡乱扫射。卡斯特罗最担心的事发生了,他连忙指挥军队跑进了一片茂密的树林中,躲开了飞机的视野。既然飞机已经发现他们,那么后面肯定是政府的大部队!卡斯特罗下令全速逃离奥连特省。

革命军在树林里不停地穿梭,幸好之前接受了几个月的游击战训练,他们通过采摘野果和捕猎动物,总算是稍微缓解了饥饿感。但由于缺乏实战经验,他们又遇到了新的问题。其中最头疼的一个就是无法辨认方向,卡斯特罗身上的指南针坏了,竟然没有任何人能在树林中分得出方向。最后,格瓦拉根据在小时候学到的通过树叶茂密度辨认方向的方法,总算是领着队伍走出了树林。

2. 疲于奔命

出了树林,所有人都躺在地上,一动也不想动了。任他们是铁打的战士，在经过海上漂泊、烂泥里滚打和敌军的追击后，也不能继续前进了。

这时，格瓦拉的哮喘病又犯了，只见他躺在地上，上气不接下气，就像是一位奄奄一息的老人。战士路易斯·克雷斯发现了身体不适的格瓦拉，便好心地走过来，想替他背着包裹。格瓦拉是个内心坚强的人，而且脾气火暴，听到路易斯要帮他背包裹，竟然大吼起来："走开，我是来战斗的，不需要任何人照顾。你想照顾人，不如回家去照顾你妈！"路易斯早就习惯了格瓦拉这种粗暴的态度，所以他并没有在意，只是微微一笑，默默地拿起了格瓦拉的背包。

休息了一会儿，卡斯特罗起身集合了队伍，重新清点了人数。此时，队伍只剩下七十四人，其余的八个人，或是被飞机扫射死了，或是逃命时走丢了。看着大家疲惫不堪的眼神，卡斯特罗也静默了，他实在不知道下一步该怎么走。晚上，格瓦拉在日记中写道："我们到了一个完全陌生的地方，没有村庄，没有食物和水，更分不清方向。时不时天空还有飞机过来扫射，远处还听得到稀疏的枪声，也不知道是政府军在恐吓，还是我们的同志在反抗。为了尽量减少伤亡，卡斯特罗下令昼伏夜出。"

队伍在夜间慢慢行进，走了两天的路，总算是找到了村庄。当地的农民第一眼看到格瓦拉他们，还以为是别处逃来的难民。

从农民那里，他们得到了一些粮食，但卡斯特罗却不准部队在村子里停留，一是怕暴露行踪，二是怕农民受到牵连。如果独断的巴蒂斯塔知道农民收留革命军，一定会重重责罚他们。可连日的行军，士兵们劳累异常，加上他们全都穿着新军靴，脚都磨烂了。卡斯特罗只好让部队暂时待在一片甘蔗地里，休整几天。可谁知道，这一决定差点导致全军覆没。

12月5日中午，大家都在休息，格瓦拉睡不着，帮助战友挨个包扎脚上的伤口。突然，"嗒嗒嗒"的声音响起，一阵弹雨向他们飞来，子弹从耳边"嗖嗖"地呼啸而过。革命部队顿时乱了方寸，惊醒的人们四散逃命。原来，一小股政府军无意间找到了革命部队，当即开始袭击他们。卡斯特罗他们只有区区几把枪，根本不能和政府军战斗，只能指挥着众人匆忙逃走。

逃跑时，一个扛着弹药的同伴把子弹箱扔到地上，自顾自地跑了。格瓦拉看着地上的子弹箱和身旁的药箱，瞬间犹豫了一下，他只能带走一样，是子弹，还是药品？没时间再思考了，格瓦拉把药箱拨开，抱起了子弹箱，转身逃走。

这一刻对格瓦拉来说意味深长，从他抱起子弹箱的时候开始，他的身份已经彻底变了。以前，即使加入了革命党，他还是个医生，一个救死扶伤的人。现在，他已经彻底蜕变成了一个战士，为了改变古巴命运，也是为了自己的命运而战斗，不停地战斗下去。

一面倒的战斗还在持续，发现了革命军后，巴蒂斯塔政府马上派了附近的军队和飞机前来协助。革命军一个接一个地倒下，格瓦拉也被子弹打中，一颗流弹擦着他的脖子飞过。当时，格瓦拉躺在地上，惊慌失措地对身边的福斯蒂诺说："我被子弹打中了，可能要死了。"正在还击的福斯蒂诺回头扫了一眼格瓦拉说："这点小伤算什么，还不赶紧跑？一会儿敌人过来了，我们都走不掉。"

在福斯蒂诺的眼光中，格瓦拉看到了责备与愤怒。那种谴责的眼神深深刺激了他，他咬牙爬了起来。就算死，格瓦拉也决意不能再让别人瞧不起自己。其实，格瓦拉受的确实是轻伤，脖子的伤口虽然很痛，但只是擦破了一层皮，只流了少量的血。

切·格瓦拉传

095

　　格瓦拉扛着子弹箱不停地往前跑，追上了老战士阿梅伊达，还有另外三个没带枪的人。看到格瓦拉扛来了一箱子弹，阿梅伊达非常高兴，有了弹药补充，顿时安心不少。他不停地夸格瓦拉是个勇敢、镇定的战士，慌乱之中，还能记得带上弹药。想起刚才福斯蒂诺责备的眼神，格瓦拉尴尬地挠了挠头。

　　五个人在阿梅伊达的带领下，穿过甘蔗地，躲进了一片树林里。听着渐行渐远的枪声，阿梅伊达长长地出了一口气，他们终于逃过了一劫。五个人抱在一起，发誓要相互不抛弃、不放弃，一起战斗到死。发完誓言，他们那无助的心灵才算得到一丝安慰。这时，格瓦拉想起了卡斯特罗，心里不免担忧起来。刚才在逃跑的时候，卡斯特罗为了掩护战友，吸引了大部分火力，真不知道他能不能安全逃脱。

　　不过，现在格瓦拉并没有时间去担心别人，他们虽然逃离了敌人的追击，却又一次完全迷失了方向。因为外面到处都是追兵，所以他们和之前一样，只敢在夜间偷偷前行。他们想去达马埃斯特腊山，在那里打游击，但没有人认识路，只知道达马埃斯特腊山在东方。于是，格瓦拉凭借北极星来辨认方向，几个人沿着海滩往东走。

　　一路上，干粮吃光了，他们就捉海边的螃蟹吃，由于怕生火会被人发现，他们每天只能生吃螃蟹肉，日子过得艰苦至极。走了很久，他们看到一个小草棚，进去后，发现里面竟然住着自己的三个同志。八个人抱在一起，喜极而泣。

　　之后，他们一起往东走，遇到一个小村庄。这几个人又累又饿，只好绝望地走进村里，就算是被人抓住，也比饿死渴死在路上强。他们敲了敲一家农民的门，没想到，明知他们是革命党，农民还是热情地接待了他们，并把他们介绍给其他村里人。因为长时间受到巴蒂斯塔政府的压迫，农民们都非常欢迎革命党，不仅送给他们很多粮食，还告诉他们之前有很多革命党也路过这里，其中的领袖叫卡斯特罗。得知卡斯特罗还活着，格瓦拉他们马上振奋起来，开始继续赶路。

3. 山里的游击队

12月21日，格瓦拉他们顺着海岸，又到了一个小村庄。村庄里有个名叫蒙戈·佩雷斯的农民，听说有革命军来了，马上把他们引到自己的家里。原来，蒙戈·佩雷斯是国内的革命党，卡斯特罗现在就住在他的农庄。

格瓦拉跟着佩雷斯来到农庄，看到了想念已久的卡斯特罗，两个老朋友紧紧地抱在了一起。经历了一场生死，他们的感情更加真挚和热烈了。跟着卡斯特罗来的，还有三名战士，同志们相互寒暄了几句，卡斯特罗开始和他们诉说现在的革命局势。

从墨西哥来的革命队伍，自奥连特省登陆以来，八十二个人共有近五十人阵亡，十几个人被俘，还有几个人下落不明，生死未知。现在，格瓦拉他们共八个人，卡斯特罗带着三个人，加一起只剩十二个人能战斗了。据卡斯特罗说，格瓦拉最好的朋友洛佩斯，也在一场战斗中牺牲了。

格瓦拉心中虽然非常悲伤，但他还是忍住什么都没说，既然选择了参加革命，那就要准备随时牺牲。这一点，格瓦拉从进入古巴以后，就彻底明白了。

革命党暂时安顿在了佩雷斯的农庄。这时，格瓦拉想起了家人，离开墨西哥后，他已经很久没有同家人联系了。现在刚好有时间，他马上写信给家人报平安。在信中，格瓦拉还用了一个家乡的谚语来形容自己："在我们阿根廷，人们都说猫有七条命。来到古巴我才发现，我也有七条命，已经用掉两条，还剩五条。参加古巴革命，让我明白了自己存在的意义，即使另外五条命全部丢在古巴，我也无怨无悔。亲爱的爸妈，请你们支持我，并为我祈祷吧。"

格瓦拉的母亲想起了孩子临走前自己内心的那一分担忧，不由得悲伤地流下泪来。虽然格瓦拉能挺过两次危险，但革命可以说是千难万险，可能她真的再也见不到自己孩子了。此时，格瓦拉的父亲却很赞赏自己的孩子，他回信给格瓦拉说："有你这样一个儿子，我感到深深的骄傲。勇敢地去做吧，我和你母亲等你胜利归来的消息！"

父亲的信就像是一剂强心针，给格瓦拉注入了巨大的精神力量，让他更坚定地投身于古巴革命事业。

过了几天，等战士们都休息得差不多了，卡斯特罗准备好武器和粮食，带领仅剩的十二个人前往马埃斯特腊山，开始打游击战。游击战的总策略就是打了便跑，等待、探视、再打了跑，一直这样持续下去，对敌人进行骚扰和歼灭。

显然，游击战只是战争的初级阶段，仅仅是打游击，自然不可能取得战争的胜利。但游击战可以在打击敌人的同时宣传自己的部队，然后让部队逐渐发展壮大，等力量储备到可以和正规军交锋的时候，再开始真正的攻坚战，打败敌军，取得胜利。

卡斯特罗领着队伍来到马埃斯特腊山，在一条溪水附近安营扎寨。

　　1957年1月22日，游击战终于打响了，卡斯特罗领着部队，缓缓地靠近一小股驻扎在山里的政府军。等进入步枪的射程后，卡斯特罗挥手下令攻击。枪声响起，政府军慌忙抱着枪四处躲藏。其中，有一个躲在茅屋里的敌人被格瓦拉盯上了，只见他扣动扳机，"啪"的一声，却没打中敌人。不甘心的格瓦拉端枪瞄准，"啪"的又是一枪，正中敌人的胸膛。看着敌人倒下去，格瓦拉兴奋地跑到茅屋里，拿走了对方身上的美制枪支。

　　这一次军事偷袭打得非常成功，敌人死了五六个人，伤了十来个，卡斯特罗他们却毫发无损，还抢得了很多枪支弹药。等敌军逃走后，游击队也马上撤离了战场。不一会儿，格瓦拉就听见天上传来"隆隆"的战斗机声，政府军派飞机在他们刚才战斗的地方疯狂地扫射。然而，游击队早就离开了。

　　回到他们溪边的军营，格瓦拉在日记里兴奋地写道："身为游击队员，能和敌人战斗是我最大的乐趣。"

　　格瓦拉很喜欢战斗，而且从来不掩饰自己对战斗的渴望。早在三年前，他在危地马拉旅行时，第一次遇上空袭。看着飞机不时地投下炸弹，人们吓得四处乱窜，格瓦拉却感觉到一种异常的兴奋。而这一次游击战，他更是陷入一种狂喜之中。似乎战斗对于他来说，有种特殊的感官刺激，让他变得勇敢，甚至疯狂。

　　格瓦拉好战的性格，卡斯特罗也了解得非常清楚。他简直不敢相信，第一次参加战斗的格瓦拉，竟然可以表现得如此英勇。卡斯特罗说："作为一个游击队员，格瓦拉的战斗天分比我们的教官阿尔贝托还要高。而且他不惧危险，真是令人钦佩。"

这一场游击战后，格瓦拉写信给父亲说："第一场战斗给我们带来前所未有的信心，一直被政府军围追堵截的我们，终于给了他们一次漂亮的反击。现在，我们都在等待下一次战斗，我也因此变得热血沸腾。我们坚信，革命军一定会胜利，古巴也一定会解放。"看到自己孩子的成长，格瓦拉的父亲很欣慰，能够为理想而奋斗，这种活法绝对是值得的。

听说卡斯特罗还活着，而且在马埃斯特腊山里打起了游击，巴蒂斯塔火冒三丈。他派出了大批的部队进山围剿，这一点，恰恰中了游击队的圈套，卡斯特罗正想利用山里的地形和游击战术给政府军一个打击，政府军就进山里来了。

其实，巴蒂斯塔也知道，派大部队进山里和游击队战斗对自己不利，但他之前对古巴人民宣布，卡斯特罗他们登陆的时候，已经被全部歼灭了。现在，如果大家知道卡斯特罗还活着，那他肯定会威信扫地的。到时，革命军想发展就容易多了。所以，他才急着派兵去剿灭卡斯特罗的游击队。

4. 革命宣传

巴蒂斯塔的愚民宣传，卡斯特罗也知道。在前一段时间的逃亡中，几乎每一个见到他的人都非常惊讶和兴奋，这让他深深感到了宣传的重要性。因此，卡斯特罗一边指挥着部队进行游击战，一边积极联系国内革命军，请他们找一位西方记者帮忙采访，最好是个美国记者。

很快，这件事就有了着落。当时，《纽约时报》的老记者赫伯特·马修斯正在古巴哈瓦那度假，革命军联系到他，请他采访卡斯特罗时，他马上就同意了。据马修斯说："来到古巴后，我就一直听说卡斯特罗的大名，一个年轻的古巴革命家。能够有机会采访他，我当然不会错过。" 2月17日，在革命军的帮助下，马修斯通过了重重关卡，见到了在山里打游击的卡斯特罗。

为了做好这一宣传，卡斯特罗可是精心准备了很久。知道美国记者马修斯已经来到他们的营地后，卡斯特罗马上披上了一件大衣，嘴里叼着雪茄，前去接受采访。马修斯看到精神抖擞的卡斯特罗，心里不由得暗暗吃惊："果然是年轻有为啊！"

采访开始了，卡斯特罗一边自在地抽着雪茄，一边对着镜头夸耀自己的兵力。其实，到现在为止，卡斯特罗原来的十二个人加上最近新加入的十几名革命党人，一共也不超过三十人。卡斯特罗却告诉马修斯，自己的部队人数众多。"格拉玛号"上的几十名战士大都安全登陆，最近，革命队伍不断地发展壮大，已经拥有了四十多个小分队，每队近百人，分布在马埃斯特腊山的各个区域。而且，现在有越来越多的古巴人前来投诚，不久之后，他们就会结束游击战，集结大部队对巴蒂斯塔政府发起正面进攻。

为了迷惑马修斯和宣传革命党，卡斯特罗提前已经安排战士们演一场戏。他找了一个机灵的士兵演传令兵，传令兵频频跑进来汇报马埃斯特腊山各个分队的战斗情况。格瓦拉扮演成将军模样，不停地签注文件和下命令。卡斯特罗的弟弟劳尔则领着一队士兵，通过改变装束，每隔一段时间就在远处表演一次正步走，远远望去，还以为是一队队的士兵在巡逻。

可能是被卡斯特罗镇定的表情所蒙蔽，马修斯竟然完全相信了革命党的话。采访结束后,他还想去革命队伍的军营内部参观一下,但被卡斯特罗婉言拒绝了。当然不能让他参观,否则一切都暴露了!

离开马埃斯特腊山,马修斯立刻写了几篇关于古巴游击队的报道,并把采访卡斯特罗的录像也发表了出来。在报道的开篇,马修斯热情洋溢地说道:"古巴年轻的革命领袖菲德尔·卡斯特罗还活着!如今,他带领着大批的革命队伍盘踞马埃斯特腊山,在那里英勇地和政府军战斗着。"接下来是对革命军部队数量和面貌的介绍。

马修斯完全按照卡斯特罗所编的剧本,帮助他们向古巴人宣传着革命军。这一宣传震惊了古巴上下,很多进步人士纷纷声援革命军,更有一些年轻人直接前往马埃斯特腊山,准备投奔革命军。

马修斯在报道中指出,革命军中唯一存在的问题是,游击队的思想和信仰不是很明确。他写道:"采访中,革命领袖卡斯特罗称他们的行动属于社会主义性质,同时,它还是一场民主主义斗争,矛头直指独裁的巴蒂斯塔政府。显然,革命军的核心思想模糊不清,但无论如何,这次革命的本质是激进的、民主的,它既不属于资本主义,也不属于共产主义。它的目的只有一个,就是推翻巴蒂斯塔政权,建立一个全新的民主社会,然后改写宪法,推行普选制度,让古巴人得到公正和自由。"

马修斯在采访中,也详细问过卡斯特罗这个问题,卡斯特罗淡然地回答说:"我们并不想有意去站到哪个社会阵营,古巴的革命军对美国并没有敌意,我们只是为了建立属于自己的民主国家。"

当时,格瓦拉缺席了采访,接受卡斯特罗的任务后,他就在一旁装作下达命令或静静听卡斯特罗的讲话。马修斯也注意到卡斯特罗的旁边有这么一个年轻的将军，只是他光顾着采访卡斯特罗，把格瓦拉给忽略了。谁曾想到，在后来的古巴战争中，格瓦拉发挥了与卡斯特罗相当的作用。

但格瓦拉和卡斯特罗在理念上分歧很大，从这一次采访中就可以看出，卡斯特罗是不支持"社会主义"的。格瓦拉从毕业以来，所接触到的最主要的理论就是马克思主义，而且他也非常赞同这一理论。格瓦拉曾经也和卡斯特罗商量过让革命军走社会主义道路，卡斯特罗却一再回避这个问题。

无论如何，卡斯特罗那段激动人心的讲话和那张抽着雪茄的照片，给古巴人带来了希望，让他们再次热情地投入到追求民主的革命中，革命军的声誉也日渐壮大起来。而巴蒂斯塔却是脸面全无，政府关于卡斯特罗游击队全部消灭的消息就登在卡斯特罗最新的照片旁边。

5. "天真"的少校

愤怒的巴蒂斯塔再一次下达紧急命令，要求军队尽快剿灭山里的革命党。政府军搜山的行动一日紧过一日，卡斯特罗只得不停地领着部队转移阵地，时不时地对政府军发动袭击。

在山里，政府军被游击队打得疲惫不堪，他们根本找不到游击队的人，反而是游击队常常来骚扰他们。而且他们既不熟悉地形，又不善于走山路，几天下来，政府军一个个看上去像霜打的茄子一样，有气无力的。游击队的情况刚好相反，他们情绪高涨，几次袭击政府军都大获全胜。在几乎零损失的情况下，击杀了很多敌军，还夺得了大量的武器。最重要的是，开始有越来越多的人投身游击队。

政府军几次搜山无果，只好狼狈地退回马埃斯特腊山附近的城里，游击队也因此获得了一丝喘息的机会。在队伍休整的过程中，格瓦拉还出了一个危险的事故，差点死在队友手中。

那一天，格瓦拉和几个战友在军营附近巡逻。休息的时候，他拿出了一顶政府军军官的帽子，这是前几次战斗中缴获的战利品。帽子很漂亮，格瓦拉兴奋地戴上帽子，感觉自己比以前精神多了。

就在这时，老战友卡米洛一回头，看到一个戴着政府军军帽的人，便毫不犹豫地对着"敌人"的头就是一枪。谁知道，步枪竟然卡壳了，他马上从背后掏出手枪，准备再来一枪，却看到帽子底下那张熟悉的脸。"敌人"是格瓦拉！卡米洛惊出了一身冷汗，他跑过去把格瓦拉头上的帽子摘下来，重重地摔在地上，同时，也狠狠地训斥了格瓦拉一顿。

当格瓦拉知道自己刚才差点死在战友手中时，也吓得不轻。从此，他再也不敢随便使用敌人的东西了，毕竟他们是在山里打游击，离得稍微远一点便看不清人，都是以衣服辨别敌人的。穿上敌人的服装，就很有可能会死在自己人的枪下。

政府军不愿大范围地进山围剿，游击队就继续发展壮大自己的势力，到了这一年7月份，游击队已经由原来的二十多人变成了二百多人。可人数一多，却不利于他们在打游击的过程中发挥灵活性，卡斯特罗便把游击队分成了两个纵队，一队由他亲自指挥，另外一队则由在战斗中表现英勇又机灵的格瓦拉带领。

格瓦拉带领的队伍称第四纵队，这当然也是为了用来迷惑政府军，让他们不知道游击队的虚实，而心生胆怯。

虽然自称为第四纵队，格瓦拉他们却根本一点儿正规军的样子也没有，衣服穿得五花八门，拿的武器也是各种各样，格瓦拉曾打趣地说："我们这哪是什么第四纵队，根本就是一群'土山贼'，不过只是'抢劫'政府军而已。"

成为第四纵队的领导者后，卡斯特罗给格瓦拉颁发了一个军衔。现在，他不再是一个军医和战士了，而是指挥一个纵队的少校。格瓦拉非常喜欢这个称号，无论是谁，内心都会有一点小小的虚荣心，格瓦拉当然也不例外。在日记里，他清楚地记下了当时卡斯特罗任命他的情景："我成为少校后，卡斯特罗给了我一颗小星和一块手表，作为我荣升的奖励。从这一刻起，我感觉自己的气质完全变了，背负上了荣誉也担起了责任。我在内心告诉自己，将来我一定要成为一个优秀的领袖。"

之后，格瓦拉确实改变了很多，把一些军事领袖不该有的坏毛病统统丢掉。他开始严于律己，哪怕是受再多的苦，只要想起来自己的少校身份，那么一切都是值得的。格瓦拉这种苦行僧般的生活，也让部下们对他更加信服。

格瓦拉的纵队有近八十人，为了进一步增加部队作战的机动性，他把纵队分成了三个小队。作战时分开，战斗结束再聚到一起。格瓦拉的作战头脑非常灵活，带领游击队连续打了十几场胜仗，他在纵队中的威信也逐渐树立起来。大家都很崇拜这个来自阿根廷的战士，他不仅善于指挥，而且为人坚强。有一次，在战斗中他的哮喘病发作了，即使如此，他仍然一边扛着弹药箱，一边指挥着大家战斗。格瓦拉还精通医术，常常帮战士们包扎，如此优秀的军事领袖，任谁也不得不佩服。

后来，为了更好地激励战士们，给他们树立一个革命精神的典范，格瓦拉在纵队里成立了"尖刀连"，"尖刀连"类似于敢死队，是从志愿者中选取最优秀的战士组成，专门承担军队里最危险的任务。"尖刀连"收到了非常好的成效，战士们的战斗意志大大提升，几乎所有人都以加入"尖刀连"为荣。格瓦拉说："看到战士们一个个坚定地加入'尖刀连'，我内心百感交集，拥有这样的革命队伍，推翻巴蒂斯塔政府指日可待。"

随着战斗的进行，格瓦拉在马埃斯特腊山的声誉也越来越响亮。人们对他是既敬又畏，对敌人来说，他简直可以称得上是"残忍"，但格瓦拉处理事情的方式却令人佩服。

游击队队伍不断壮大，不得不清剿山里的一些土匪。有一次，格瓦拉抓住了一个土匪头子和他的三个手下。土匪头子杀人抢劫、无恶不作，直接被格瓦拉枪毙；三个手下都是刚成为土匪没多久，还没有干过多少坏事。格瓦拉决定给他们一个重新改过的机会，他命人将三个人的眼睛蒙起来，进行了一次假枪决。士兵拿着枪对天打了几枪，之后，三个土匪发现自己还活着，他们激动地跪着爬到格瓦拉面前，连连磕头，感谢他的不杀之恩。后来，他们也加入了游击队，成为三个忠心的战士。

6. 古巴解放了

1957年12月，卡斯特罗制定了新的游击队攻击策略。现在，政府军已经很少敢再进山清剿游击队了，游击队已经到了反击的时刻。

格瓦拉接到命令，开始组织部队骚扰城市周边的一些敌军，有时也会领着部队截击敌军的运输线。此时，手下指挥着几百人的格瓦拉仍然坚持冲在第一线，在一场战斗中，他不小心被敌人打中了脚踝。因为情势紧急，在一所小学里，马恰迪托医生用剃须刀帮他把子弹挖了出来。后来，格瓦拉把子弹挂在脖子上，丝毫不以为意地在前线继续指挥战斗。

面对游击队强硬的攻势，巴蒂斯塔的内心也开始胆怯了。他命令政府军退回城中防守，并不停地向美国人求救，希望美国可以来帮助自己。

然而，此时美国人的态度并不明朗，他们最主要的目的是控制古巴势态的发展。只有古巴的局势尽快稳定，他们才能保住商业利益。巴蒂斯塔政府和卡斯特罗革命党的都不是社会主义道路，谁更容易取得胜利，美国人更倾向于支持谁。

美国内部也分为两派，其中，美国国防部认为，古巴的大部分权力还掌握在巴蒂斯塔手中，只要美国给巴蒂斯塔送去武器，相信游击队很快就会被消灭。

美国国务院和联邦调查局却不这么想，他们认为巴蒂斯塔已经彻底失去了古巴的民心，就算这次帮他镇压了革命，以后肯定还会有很多人起来反对他。而且巴蒂斯塔政府里根本没有厉害的军官，即使给他们武器，他们也未必打得过卡斯特罗革命党。卡斯特罗的情况则与巴蒂斯塔完全相反，现在古巴人大多都支持卡斯特罗，革命党中的很多人都是在战争中一路摸爬滚打，非常善于打仗。如果美国支持他们，相信很快革命党就会打败仅有一副空架子的巴蒂斯塔政府，然后让古巴彻底稳定下来。

美国政府不停地开会讨论，最终的辩论结果倒向了卡斯特罗，这无疑给革命党带来了一股巨大的支持力量。

1958年初，美国终止了与巴蒂斯塔的合作协议，不再为政府军提供武器。原本就战意低落的政府军，没有了武器的支持，渐渐走到了崩溃的边缘。

1958年2月，卡斯特罗提出了一个进攻口号："有巴蒂斯塔就没有收成，有收成就没有巴蒂斯塔。"同时，对圣地亚哥的政府控制工厂展开攻击，相继破坏了圣地亚哥政府的炼油厂、公共设施、糖厂和铁路等。这一时期，古巴其他城市的革命党纷纷响应，古巴政府手中大量的工厂被摧毁。没有美国的支持，国内的生产工厂被破坏，政府军的补给越来越困难。

4月，卡斯特罗让福斯蒂诺·佩雷斯带领圣地亚哥的工人们罢工，他本以为这次罢工行动会像星星之火一样，引起全国工人的大罢工。可没想，罢工行动彻底失败了。由于罢工的领导人佩雷斯的宣传力度不够，只是在电台里简单地宣传了几句，根本没有张贴告示，更没有联系各个工队的负责人，结果到了罢工那一天，罢工的游行队伍只有寥寥数百人，并且遭到了政府军的残酷镇压，一百多人被杀，其余的都被逮捕起来。

这一次罢工惨败后，革命军并没有什么过激的举动，巴蒂斯塔觉得卡斯特罗的势力并没有自己想象的那么强大，而现在正是一个消灭革命军势力的好机会。于是，他增派了上万兵力外加十几架飞机、大炮、坦克、舰艇等，对马埃斯特腊山的革命军发起总攻。

显然，巴蒂斯塔再一次误判了革命军的实力，这场战争持续了两个多月。游击队凭借对地形的熟悉，打完就走，连续诱敌深入。政府军连续被歼灭了数千人，还丢失了大量的武器，其中包括一辆坦克和几十门大炮。

这段时间虽然政府军损失惨重，但游击队的日子同样也不好过。由于山中大部分道路被政府军破坏，格瓦拉他们只能在山中的小道和杂草丛中穿梭。后来因为天降大雨，补给也跟不上，格瓦拉常常赤着脚在淤泥地里艰难地行走。他在日记中这样写道："我们已经三天没有吃饭，也没有睡觉了，完全是在靠意志坚持着，坚持不住了就在泥地里偶尔打个盹。"

1958年下半年，古巴革命战争进入一个新的阶段。8月份，格瓦拉率领两个纵队离开马埃斯特腊山区，穿过奥连特省与卡马圭省，来到古巴西部，扩大了革命范围。

到了12月下旬，格瓦拉接到卡斯特罗的命令，让他率军攻打圣克拉拉城。圣克拉拉是古巴一个很重要的战略城市，巴蒂斯塔在这里布置了重防，守军三千二百名，并配有数辆坦克和几十门大炮。而格瓦拉所拥有的兵力还不足四百人，想要打下圣克拉拉城几乎是不可能的。但格瓦拉却没有放弃，他仔细研究后，意外地发现有一条小路可以潜入城中。格瓦拉准备利用这条道路，对圣克拉拉展开奇袭。可没有想到，革命军还没发动进攻，城中的守军指挥官逃走了。

原来，此时各地的革命军和反政府组织都取得了巨大的胜利，政府军人心惶惶。得知格瓦拉要攻打圣克拉拉，守军惊惧不已，指挥官也落荒而逃，格瓦拉几乎没费什么事就占领了古巴第二大城市。之后，格瓦拉开始向哈瓦那挺近。到了现在，政府军可以说是败局已定了。

1959年新年，巴蒂斯塔在政府会议上发表声明说，古巴的局势完全超出了他的控制。因此，他决定离开古巴，携带家人流亡美国。1月2日，乌鲁希宣誓就任新政府总统，同时卡斯特罗成为古巴军队总司令。当天，革命军的先头部队卡米洛进入哈瓦那，接受政府军的投降。至此，古巴全面解放了。

第七章　工业部长阁下

1. 安定在古巴

古巴战争结束后，卡斯特罗率领革命党建立了新的古巴政权。令人不解的是，在古巴建立的新政府里，格瓦拉竟然没有得到重用。他被留在了卡瓦尼亚堡，成为卡瓦尼亚堡军队的司令官。

据卡斯特罗说，不仅是格瓦拉，就连他的弟弟劳尔也没有得到重用。这主要是因为格瓦拉与劳尔有过于明显的共产主义倾向，而当时，卡斯特罗并不打算让古巴走社会主义道路，政治立场上的分歧，让他不得不在政权上稍微疏远一点这位老战友。

即使如此，格瓦拉接受了新工作后，仍然每天积极热情地投入到工作中。为了改变自己部队的精神面貌，他在部队里发起了一次文化运动，让这些整天端着枪杆子、抽着烟袋的"大老粗"拿起纸笔，学习古巴的经济、文化知识。

居住在卡瓦尼亚堡期间，格瓦拉一直保持着作战时的生活作风，过得非常艰苦朴素。从战争中走过来的游击战士，很多人都已经被新的社会生活腐化了，开始过上了吃喝玩乐、纸醉金迷的日子。但格瓦拉还是穿着一身干净整洁的军装，每天几顿清淡的饭菜，遵守着严格的作息时间。格瓦拉的口袋看上去鼓鼓囊囊的，里面塞满了他的"日常用品"，有香烟、记事本、钢笔等。和战争年代唯一不同的是，他总算剪短了自己的头发，但那密密匝匝的胡子还是被留了下来。

格瓦拉在古巴的名气非常高，甚至可以和卡斯特罗齐名，来拜访他的人自然是络绎不绝。然而，很多记者都说，格瓦拉与他们所想的形象大相径庭，第一眼看上去，格瓦拉是个严肃、强硬的军人，但他开口说话时，声音非常小，就像是一个得了重病的人一样。而且他的话语里带有浓重的阿根廷口音，这和古巴人之间自然就产生了一丝陌生感。

另外，格瓦拉的脾气也不是很好。一次，有位电台记者和格瓦拉谈得非常开心，谈到后来，记者随口说："那么，切……"显然，他认为既然自己和格瓦拉谈得来，这样称呼他更为亲切一些。但格瓦拉却突然拉下脸，他粗鲁地打断了记者的话："你怎么能这样称呼我，对你来说，我是司令。'切'这个称呼，只有我的战友和朋友才能用。"

格瓦拉当上司令没多久，卡斯特罗就给他送来了一项任务：在卡瓦尼亚堡建立军事监狱，负责处置内战时期古巴的战争罪犯。这些战争罪犯，主要是指在巴蒂斯塔专制时期，那些残杀老百姓的政客和警察。

在这一段时间，格瓦拉成为十分冷酷的检察长，下令逮捕还在古巴流亡的战争罪犯。有几百人遭到指控和逮捕，判为反革命，被卡瓦尼亚堡的军事法庭处决。

古巴绝大多数人都支持这一行动，但美国人却对此感到很不安，自从卡斯特罗取得胜利后，美国人在古巴的利益遭到了很大的打击。其中，被格瓦拉处决的战争罪犯里，有很多都是美国人在古巴安置的傀儡。他们称古巴美丽的哈瓦那已经被血染红，而格瓦拉就是那个杀人无数的大魔头。

但无论美国人怎么说，格瓦拉始终相信，自己并不是在滥杀无辜。这些被处决的犯人，都是曾经屠杀了无数古巴人民的刽子手，他们理应被判死刑。

在担任检察长期间，格瓦拉的哮喘病又开始反复发作，他不得不去体检。可没想到，医生竟然发现了他身上的一种结核病灶。卡斯特罗得知自己的老朋友身体不适，马上安排他去科希马尔附近的一个别墅里静养。

在这里，格瓦拉的生活终于安定了一些。过了没几天，他的老朋友卡米洛带来了一个消息：格瓦拉的家人要来古巴。听到这个消息，格瓦拉激动不已，他已经六年没有见过自己的家人了。1959年1月9日，格瓦拉赶到机场，终于见到了阔别已久的父母和弟妹，他的眼里止不住流下泪来。

看到孩子的一瞬间，格瓦拉的父母激动地跑过来紧紧抱住了他。格瓦拉的父亲发现，儿子的变化非常大，他变瘦了，也变黑了。以前，他的话总是很多，可现在他说话又少又慢，而且声音低沉。唯一没有变的是他那双眼神，还是像以前一样锐利。几个人寒暄了一阵后，便一同住进了格瓦拉的公寓。

最初几天时间，父亲再次和格瓦拉说起了行医的事，他希望儿子能和他们一起回阿根廷，继续做个医生。而格瓦拉对父亲说，自己的理想已经变了，行医将不再是他的终身事业。他这一生都要投身革命，为了古巴，为了整个拉丁美洲而活。看到格瓦拉如此坚决，父亲就没有再提过行医的事。

见到家人，格瓦拉自然想起了妻子伊尔达和自己的小女儿。他和妻女分开的时候是在墨西哥，当时女儿还不会走路呢！分开后没多久，伊尔达曾给格瓦拉写信，想和他一起参加古巴的战斗，但因为当时古巴革命党的形势危急，格瓦拉直接拒绝了，两人便一直没有再见面。现在，女儿大概已经两岁，该会叫爸爸了。没过几天，格瓦拉拜托朋友把妻子和女儿接到了哈瓦那。

夫妻相见，两人都是一阵沉默，毕竟两人分开时矛盾很严重。而且，格瓦拉在古巴打游击时，已经爱上了另一个女孩。对此，格瓦拉也不想隐瞒，他向妻子坦言，自己已经喜欢上了阿莱伊达，是一个古巴女孩。

听了格瓦拉的话，伊尔达非常伤心，然后开始哭泣起来。听到妻子的哭声，格瓦拉叹道："看这情景，我还不如死在战场上呢。"这时，伊尔达突然意识到自己不应该这样，因为她和格瓦拉之间的情感早就出现了裂痕，强行拴在一起也没有什么好结果，而彼此放手才是一个明智的选择。

于是，伊尔达便与格瓦拉达成了离婚协议，女儿也留给了格瓦拉，伊尔达离开了古巴。之后，在卡斯特罗的撮合下，格瓦拉和阿莱伊达结为了夫妻。

2. 古巴的政治走向

从新政权建立的那一天起，格瓦拉就一直想要影响卡斯特罗的政治倾向，让古巴进入社会主义阵营。但卡斯特罗从全局的利益考虑，认为古巴在美国这个资本主义阵营大国旁边，贸然宣布加入社会主义阵营，会对古巴产生十分不利的影响。所以，无论格瓦拉如何劝说，卡斯特罗就是不为所动。

1959年4月，卡斯特罗受邀访问美国。在华盛顿，美国副总统尼克松会见了他。访问期间，卡斯特罗一再表示，古巴绝对不会做出有害美国利益的举动，特别是在政治立场方面，他的心更倾向于"西方"。

访问结束后，一家美国杂志说："通过这次访问我们可以看出，卡斯特罗先生显然并不是个共产主义者。相反，他甚至更倾向于西方的资本主义。"但接待他的尼克松并没有妄下结论，他对卡斯特罗的政治立场还是有些困惑："我不能准确地把握卡斯特罗这个人，他对待社会主义和资本主义的态度尚不明朗。对待古巴，我们还要看情况行事。"

在这一点上，格瓦拉则显得格外不同。在古巴新政权刚刚建立的时候，有记者问他："格瓦拉先生，请问您是不是共产党员。"格瓦拉直接回答："对，我是共产党员，但我并没有加入古巴社会人民党。"在格瓦拉心里，他始终想要为整个拉丁美洲战斗。

访问美国回来没多久，卡斯特罗就接到了格瓦拉的古巴改革方案。其中最主要的内容，是卡斯特罗曾在马埃斯特腊山修订的《土地改革法》。改革法规定：古巴禁止庄园存在，任何人所拥有的私人土地不得超过四百公顷，多余的部分收归政府。为了避免有些人把土地化整为零，改革法又对农场的面积做了限制，大规模的农场面积必须在二十七公顷以上。

就这样，古巴政府征收到了二百一十七万公顷的土地，然后把这些土地分配给了近十万的古巴农民。

根据土地改革法，美国联合果品公司被古巴政府征收了3.6万公顷的土地。利益受到威胁，美国人当然不甘心，其中有几个代表美国利益的高官反对这种激进的土地改革方案，而他们也因此遭到了民众愤怒的围攻，纷纷躲进大使馆。

对于古巴的土地改革方案，卡斯特罗解释说，这一举措是出于人道主义而非共产主义。古巴革命是人道主义革命，我们的思想既不偏左也不偏右，只要是符合人道主义的事情，我们就会去做。但格瓦拉却不这么看，土地改革运动又让他恢复了战争时期的激情，他对外宣称说："古巴土地改革是一场反对帝国主义剥削的正义战争，它让古巴人民重新夺回了自己的土地，消灭了古巴权贵和美国政府的嚣张气焰。"

10月份，格瓦拉身体康复之后，重新返回古巴政界。而这一次，他竟然莫名其妙地担任了国家银行总裁一职，这主要因为一个破天荒的误会。在一次重要会议上，卡斯特罗问："在座的各位，有没有谁是经济学家？"格瓦拉马上把手举了起来。于是，他就成了国家银行总裁。

散会后，卡斯特罗问格瓦拉："你是经济学家？怎么以前我从来没有听你说过？"格瓦拉一脸茫然地说："什么经济学家？你刚刚不是问谁是共产主义者吗？"就是这样一个误会，让军队司令格瓦拉摇身一变，成了银行总裁。

虽然是误会，但格瓦拉还是欣然接受了银行总裁的职位，他深信自己能带兵打仗，也一定能搞好经济。而且当时古巴政府高层里面没有几个精通经济的人，甚至连上过大学的也很少，细算起来，格瓦拉还是一个合适的人选。

自从担任了国家银行总裁后，格瓦拉开始恶补经济学知识。他每天都要研究经济学课本到凌晨两三点，平时也常常去学校里和经济学教授讨论。很快，他的经济管理能力就提了上来，把国家银行打理得井井有条。

就在格瓦拉刚体会到当银行家的乐趣时，突然一个噩耗传来，他的好朋友卡米洛坐飞机返回哈瓦那时，人和飞机一起失踪了。军队在飞机信号消失的区域搜寻了近一个月，却什么都没发现。

卡米洛是格瓦拉最好的战友之一，他们曾在一起出生入死过很多次。而上一次格瓦拉的家人能来古巴，就是卡米洛派飞机去接的。老战友的失踪，让格瓦拉格外痛心，他认为卡米洛肯定是被人给害了。有可能是美国人，也有可能是古巴的权贵，还有可能是古巴新政权内部的斗争害死了卡米洛。为了纪念这位老战友，格瓦拉的小儿子取名叫卡米洛。

成为银行家的格瓦拉，看到了经济对一个国家的重要性。于是，他决定先对古巴进行经济改革，让古巴向社会主义阵营靠拢。当时，古巴有近五千万美元的外汇，全部以黄金的形式存在美国。格瓦拉把这些外汇黄金全部收了回来，同时宣布，将古巴一百多家美国企业和民族企业收为国有。

经济改革开始前，格瓦拉把古巴的几位著名资本家找来，对他们说："国内的企业马上就要实行'国有化'了，给你们两个选择，要么留下来支持改革，我们一起干；否则，收拾东西，趁早滚蛋。"第二天，就有人把公司的事情安排好，然后飞离了古巴。

无论如何，还是有很多人支持格瓦拉的国有化经济改革的，很快，企业国有化在古巴全国推广开来，古巴政府的经济实力提升了不少。

3. 被孤立的古巴

1960年2月，受到卡斯特罗的邀请，欧洲很多文化界名人来访古巴，其中包括绘画大师毕加索、著名哲学家萨特、著名文学家波伏娃等。他们几个人中，对古巴最热心的要数萨特了。萨特被誉为"存在主义之父"，曾经访问过革命中的苏联、中国，他对革命充满了好奇。这一次受到卡斯特罗的邀请，他当然不会错过机会，要看看古巴革命之后留下了什么。

来到古巴，萨特访问了很多古巴革命高层，而给他留下印象最深的，便是格瓦拉。当时，格瓦拉还在担任国家银行总裁。格瓦拉接见萨特是在半夜，两人交谈了有两三个小时。后来，萨特回忆说："通过交谈我认识到，格瓦拉先生文化修养很高，对革命的思想见解也很深刻。他说的每句话，都有很广很深的意义。"后来，萨特在自己的理论中多次提到格瓦拉，对这位古巴的革命者敬佩不已。

在3月份，古巴出现了一起事故，法国军火船"库波号"驶到哈瓦那港时，突然爆炸。这起爆炸事故立刻引起了古巴媒体的种种猜测，他们认为这肯定是美国人在背后搞鬼，想利用这件事诬陷古巴政府搞恐怖主义。然后，美国人就可以"顺理成章"地把军队开进来，对古巴进行制裁。

格瓦拉和卡斯特罗对这件事非常重视，他们马上召集民众，在革命广场上举行了一场演讲。两人站在革命广场的阳台上，格瓦拉一副怒气冲冲的样子。这时，台下有一位记者忙着拍照，无意间把格瓦拉怒气冲天的镜头拍了下来。在这张照片中，格瓦拉的头发有些散乱，眼睛中仿佛冒着火花，显得激情而深邃。照片刊出后，格瓦拉几乎成了反抗和革命的代名词，他的那张"圣像"，在全世界也得到了广泛传播。

格瓦拉再一次成为拉丁美洲革命的焦点，让美国政府感到越来越不安。他们终于意识到，古巴的这些革命者要远比想象中的强大。1960年8月，美国著名杂志《时代》，就对格瓦拉进行了极致的宣扬："如果把古巴革命比喻成一个人，那么她的心脏是卡斯特罗，而她的头脑则是格瓦拉。在格瓦拉的带领下，古巴正在慢慢地向社会主义靠拢。"

没过几个月，古巴又发生了一件重要的事情——猪湾事件。

古巴新政府成立以来，卡斯特罗他们不受美国人的控制。美国情报局一直想要把新政府推翻。在这一年多的时间里，他们不停地招募巴蒂斯塔政府在古巴的残留势力，同时，还在中美洲组建了一支雇佣兵，随时准备攻打古巴。

1961年初，肯尼迪当选为美国新总统，他是一位痛恨战争的人。对古巴的革命战争，他原来持理解和支持的态度。但随着古巴逐渐展现出来的社会主义倾向，美国情报局和参谋长联席会议逐渐对肯尼迪施压。再考虑到美国的整体利益，肯尼迪最终批准了代号为"冥王星"的军事行动，美国正式派军队对古巴进行干涉。

首先，中央情报局将残留在古巴的反革命势力聚集在埃斯坎布拉伊山，然后，他们在埃斯坎布拉伊山附近空投宣传单，散播一些反对卡斯特罗的传言。同时，美国人计划带领着雇佣兵和美国士兵在古巴猪湾登陆。

美国的这一系列举动，让卡斯特罗和格瓦拉大为震怒。特别是听说他们原来的游记基地埃斯坎布拉伊山，现在竟然成了反政府的前线，卡斯特罗马上命令部队攻入埃斯坎布拉伊山。然后，卡斯特罗、格瓦拉和劳尔三人在猪湾做了战斗部署，格瓦拉负责保卫西部海岸，劳尔守东部，卡斯特罗坐镇中央指挥。

4月17日凌晨，美国派遣的登陆部队终于抵达了猪湾，战斗打响了。美国人显然准备得不够充分，遭到格瓦拉他们的攻击之后，很快就溃退到了海边。格瓦拉领着士兵将登陆的敌人团团围住，俘虏了一千多人，将他们押解到了哈瓦那。

这次猪湾事件，古巴给了美国政府一记当头痛击，直到这一年年底，美国用五十多万美元的药品和食物，才换回了猪湾事件中被俘虏的人。然而，猪湾事件让古巴和美国彻底决裂了，美国开始对古巴实行经济封锁，这让古巴的经济状况很快就出现了衰退迹象。

为了改变国家的经济情况，第二年，卡斯特罗给格瓦拉增加了一项新任务——管理并加强工业部。这位半路出家的银行家，又兼任了工业部部长一职。任职的第一天，格瓦拉就慷慨激昂地宣布："我们制订了第一个五年计划，在这五年时间里，要让古巴彻底步入工业化。"

事实上，由于古巴的基础设施太差，能使用电力的地区都非常少，而且农民和劳工都没有多少知识，技术上也跟不上。五年之内，古巴根本不可能实现工业化。

工作正式开展后，格瓦拉也发现了这一点。于是，他只得修改了原来那不切实际的计划，准备让古巴在十五年的时间里，逐步实现工业化。而现在的首要任务，是加强人民知识和技术的学习，提高古巴的工业和农业生产力。

这一时期，卡斯特罗的观念也在逐渐改变。现在，美国已经彻底把古巴列为敌人，在经济和军事上对古巴展开了封锁和打击，而社会主义阵营有几个国家都在向古巴频频示好。另外，格瓦拉在经济和工业上实行的政策，都是按照社会主义性质来的。思来想去，最终卡斯特罗在1961年劳动节宣布：古巴是一个具有社会主义性质的国家。

同时，卡斯特罗还说，其实自己早在八年前就已经信奉马克思主义了，只是一直没有理解其中的精髓。现在，帝国主义的霸权统治让他对马克思主义有了更深刻的理解，古巴只有走社会主义道路，才是一个真正正确的选择。

4. 真正的领袖

卡斯特罗在政治观点上的决策，让格瓦拉激动不已，看来老朋友终于理解了他的信仰。古巴进入社会主义，格瓦拉工作起来更加卖力，对自己的要求也更加严格了。

虽然格瓦拉身为国家银行总裁和工业部部长，每天都有大量的资金要流经他的手中，但他身上却丝毫不存在官僚和腐败的现象。就连他的薪水也是同一级别的官员中最少的。

当时，古巴政府内部一些官僚风气正在滋长。在大部分古巴人民还用不上电的情况下，很多官员家里和专车上都安装了冷气。格瓦拉对这种现象非常反感，官僚风气很容易隔断政府和人民的联系。在他的车上和家里，一件豪华的装饰和设施都没有，办公室里有个风扇也不常用。由于古巴的天气常年潮湿炎热，格瓦拉常常光着膀子，坐在有点凉的地上工作。

不仅是自己，格瓦拉对家人的要求也是同样严格。平时妻子阿莱伊达去买菜，格瓦拉也总是告诫她不要坐公务车，如果离家不太远，就直接步行去。后来，阿莱伊达渐渐养成了步行习惯，就连有了身孕去医院检查，阿莱伊达也是步行去。

1962年3月，古巴对官员开始实行日用品配给制。格瓦拉平时很少关注家庭生活，一次无意中发现，家里的食品比以前更"高级"了一些。他连忙找来妻子，问这是怎么回事，妻子说配给送来时就是这些。于是，格瓦拉到相关单位进行了仔细的调查，发现原来是一个下属关心他，给了他们家一些"关照"。结果，格瓦拉狠狠地训斥了他一顿，然后把多配给的东西都送了回去。

格瓦拉在吃饭上完全不讲究，在办公室，他每天都是工作到饿得难受，才出去随便弄点吃的。在家里吃饭时，他也总是让妻子给自己做简单的饭菜吃。有一位朋友曾说："和格瓦拉做朋友，最怕他请客。每次去他家，只能吃到米饭和面糊糊，偶尔才能见几盘清淡的青菜。真想不出，这样的生活他也能过得津津有味。"

格瓦拉对自己和家人要求严格，但对下属却充满了人情味。有时，虽然他的态度有些严厉，其实心里是为了下属好。

有一次，格瓦拉看见自己的下属博雷戈开了一辆美洲豹小汽车。这辆车原本是一位企业老板的车，但因为古巴经济改革，老板逃去了国外，车被充公了。博雷戈觉得这辆车很漂亮，就这样开了一段时间，不想，被格瓦拉看见了。

博雷戈从车里出来，格瓦拉对他吼道："这是我们开的车吗？你这个浑蛋！我们是为人民工作的，这种拉皮条的人开的车，只会让你和人民拉开距离。以后，绝对不允许你再开它，听到没？"博雷戈连连点头。

挨了格瓦拉的一顿训，博雷戈垂头丧气地回到家。可刚到家，就有人给他送来了一辆雪佛兰，来人说车是格瓦拉送给他的。这辆车和格瓦拉的车一模一样，在古巴属于中档车，之后十年里，博雷戈都没有再换过车。

　　格瓦拉在生活上严格要求自己，在工作上更是尽职尽责。每天他都像个机器一样，不知疲倦地工作着。从当上工业部长以后的两年时间里，他从来没有出去游玩过，没有陪妻子看过一场电影，甚至都没怎么睡过几次好觉。为了古巴的经济建设，他每天生活在各种数字、符号、图表中。

　　即使如此，古巴的经济状况还是一团糟。为了摆脱美国的经济制裁，古巴的生产重点由农业转向了工业。有几近一半的田地被烧毁，改建成了发电厂、炼油厂、水泥厂等各种重工业。而且所有的企业都实行中央集权制，在政府的规划下进行生产，结果导致各行各业的繁文缛节多如牛毛。当时，调查部门的报告显示，就连农场开展一项生产计划，也要经过几十个部门的审核和批准。显然，这种做法严重阻碍了企业的正常运作，古巴经济发展受阻。

　　1961年8月，拉丁美洲各国在乌拉圭举行了一场联合会议，意在推动整个拉丁美洲的经济。格瓦拉代表古巴出席了会议，没有想到，这竟是一场针对古巴的政治会议。在会议中，美国代表发言说，他们每年将为拉丁美洲各国提供十亿美元的投资。而且如果合作成功的话，他们还可以再增加十亿美元的投资。

　　这显然是一个孤立古巴的提案，为此，格瓦拉站起来说："美国人想要利用这次会议，来反对古巴在美洲大陆所树立的榜样。我要说的是，拉丁美洲人民最需要的不是经济上的满足，而是自由和独立。想摆脱帝国主义的压迫，我们必须要拿出勇气、奋起反抗。"最终，这场会议，美国的提案因差两票遭到了否决，古巴总算没有被彻底孤立。

　　联盟会议结束后，格瓦拉受到乌拉圭进步人士的邀请，在蒙德维迪亚大学举行了一场演讲。格瓦拉的出现，让乌拉圭的共产主义人士兴奋不已，很多报刊纷纷刊登格瓦拉的照片，以及他每一天的讲话。

演讲结束的第二天晚上，格瓦拉和智利总统阿连德相约，一起共进晚餐。他们虽然没见过几次面，但却是关系非常好的朋友。两人一见面，格瓦拉就打趣地说："现在有很多人都想暗杀我，等晚餐结束后我们要分开走，省得不小心连累了你。"

据阿连德回忆说，所有交往过的领导人中，给他印象最深的就是格瓦拉。格瓦拉内心有一股坚定的力量，那就是对共产主义的信仰。另外，格瓦拉的聪明睿智也让他记忆颇深，和格瓦拉交谈，从来就不用担心自己的意思会被误解。倒是有很多时候，他还没有开口，已经被格瓦拉揣摩出了自己想法。

5. 古巴导弹危机

进入了社会主义阵营，肯定要与社会主义老大哥苏联打交道，而信奉马克思主义的格瓦拉自然是古巴的最佳人选。但是，几次访问苏联，苏联人都没有给他留下什么好印象。

第一次访问苏联，格瓦拉请求苏联给予古巴帮助。当时，古巴的基础工业非常欠缺，特别是炼钢产业，所以，格瓦拉希望苏联人能够在古巴建几家大型炼钢厂。但苏联领导人赫鲁晓夫却不停推托，说古巴缺乏煤炭、生铁，工人们又没有技术，建立起炼钢厂也不能投入使用。格瓦拉说，煤炭和生铁可以从邻国进口，技术可以由苏联人帮助培训。但最终，赫鲁晓夫还是没有答应。

这件事让格瓦拉感觉到，似乎古巴在苏联人的眼里就是一群"土包子"，他也因此一直对苏联心存芥蒂。其实，让格瓦拉对苏联心存不满的地方还不止于此，从苏联回来，格瓦拉说："苏联的官僚主义很严重，他们官员家中的豪华与百姓生活的艰苦反差巨大。真不敢想象，社会主义的老大哥竟然是这个样子。"

其实，苏联不愿帮助古巴，真正原因并非是嫌古巴落后，而是感觉古巴人的举动太过激进。在美国人眼皮子底下，明目张胆地扩张军事，很容易就可能触发战争。而且当时两大政治阵营局势紧张，搞不好就可能直接爆发世界大战。

为了监视古巴的行动，苏联派亚历山大·阿历克谢夫前往古巴，在哈瓦那活动。不久以后，阿历克谢夫成了苏联驻古巴大使馆的秘书长。

1962年5月底，阿历克谢夫奉命返回苏联，赫鲁晓夫在克里姆林宫接见了他，同时在场的还有苏联国防部长等人。赫鲁晓夫问道："为了让苏联在和美国的冷战中取得优势，我们商议想运一批导弹到古巴去，在那里设置一个针对美国的军事基地。你觉得，卡斯特罗和格瓦拉会不会同意？"

阿历克谢夫说，这个想法可能不太现实。以他对卡斯特罗的了解，古巴的革命就是为了让古巴人民得到民主和自由。他们把美国人赶跑了，又怎么愿意再受制于苏联呢？听后，赫鲁晓夫并没有善罢甘休，他决定派遣苏联的导弹司令去和格瓦拉谈一谈。

第二天，阿历克谢夫和苏联的导弹司令一起前往古巴，格瓦拉秘密地接待了他们。让苏联人没有想到的是，谈判竟然进行得非常顺利。格瓦拉告诉苏联代表，只要能帮助古巴捍卫主权，那么古巴就一定会支持苏联的行动。

8月27日，格瓦拉秘密前往苏联，与赫鲁晓夫进行了一次深层会谈。在谈话中，赫鲁晓夫提出，导弹运入古巴后，古巴的导弹部队和机场都要由苏联军队控制。这一点，遭到了格瓦拉的强烈反对，他强调与苏联合作的前提是让古巴保持独立自主，否则，古巴宁愿放弃合作。

格瓦拉与苏联人经过一段时间的周旋，双方最终还是达成了协议。9月6日，格瓦拉返回古巴的时候，苏联的导弹也抵达了古巴。

可这一切很快就被美国人给侦察到了。10月14日，美国一架U-2侦察机飞经古巴圣安德鲁斯上空时，拍到了一组照片。从照片中可以看到，古巴在这一区域安装了苏联的导弹发射装置。这一消息，让美国人大为震惊。如果这些导弹发射装置上安装了核弹头，那么美国的安全将大大受到威胁。

美国总统肯尼迪紧急召开了几次会议，同时还和北约以及美洲各国的领导人会面。之后，美国对外宣布了他们的应对策略：对古巴进行全面封锁，禁止任何装有军事装备的船只进入古巴。他们对外解释说，古巴从苏联人那里得到了大量的攻击性武器，对美洲的所有国家都构成了严重的威胁。如果苏联不撤出在古巴的导弹部队，那么美国将采取进一步的措施。

此时，另外两大军事强国英国和法国都站在美国这一边，他们要求苏联尽快撤出在古巴布置的导弹。苏联和美国的关系变得异常紧张，很多人都担心核战争会爆发。

美国发出警告后，古巴的第一反应是准备打仗。那天晚上，格瓦拉和卡斯特罗商议后，格瓦拉马上返回自己的办公室，取出冲锋枪和弹药袋，坐上吉普车去瓜内镇。这个小镇是距离导弹基地最近的一个军事训练营，格瓦拉挑选了几千名战士，准备好武器和交通工具，随时准备好投入战斗。

格瓦拉和卡斯特罗在准备战斗时，苏联却对美国妥协了。迫于国际上的压力，10月26日，苏联最终提出和解条件：苏联会在联合国相关人员的监督下，撤走布置在古巴的导弹，但之后美国绝不能侵犯古巴。10月28日，美国和苏联正式达成协议，古巴的导弹部队开始坐船返回苏联。

听到苏联向美国妥协，卡斯特罗和格瓦拉都气坏了。特别是卡斯特罗，他甚至已经做好了打核战争的准备。面对苏联人的"背信弃义"，格瓦拉决定不再与苏联人联系了，他下令切断所有与苏联的联络路线。同时，他们还拒绝联合国调查小组到古巴，格瓦拉还说，即使没有苏联人的帮助，古巴一样不畏惧美国。

从古巴撤走导弹部队后，赫鲁晓夫也觉得有些对不起古巴，他派遣苏联高级官员米高扬去古巴缓和两国间的局势。但卡斯特罗却拒绝见他。米高扬一直在古巴等了十天，才终于见到卡斯特罗。

其实，在古巴导弹事件中，美国和苏联无论是谁取得了最后的胜利，古巴都算得上是一个赢家。毕竟，美国已经承诺，不会再对古巴进行侵略，而古巴也终于能在接下来的时间里，全心全意地投入到经济建设中去。

6. 产生分歧的战友

在古巴革命的影响下，南美洲的革命势力暗流涌动。格瓦拉的一位战友胡里奥·卡西莱斯来向格瓦拉请辞，卡西莱斯来自危地马拉。现在危地马拉的革命战斗打响了，他想回到自己的祖国，领导危地马拉的革命军打游击。

临走前，格瓦拉给卡西莱斯传授了自己总结的几条游击经验：经常转移、绝对怀疑、持久警惕。

经常转移可以保证部队的隐蔽性，也可以给敌人造成假象，让敌人觉得打游击的部队非常多。这一条经验要求部队不能在同一个地点超过两夜，只要部队的周围出现敌人的身影，部队就要马上转移到另一个地方。

绝对怀疑是要求部队不要轻易相信周围的任何军事势力。战争时期，各种势力间的关系都非常复杂。很多人为了利益，都很有可能出卖自己的友军。所以，除了自己牢牢掌握的解放区外，其他的军事势力一定要严格防范。

持久警惕可以及时让部队发现危险的来临，进而保证部队的安全性。对此，要求游击部队应尽量不要在屋子里休息，以免被敌人包围；行动一定要遵循昼伏夜出的规律，提高行动的成功率；原地休整时，要加强警戒巡逻，随时准备应对突发情况。

可惜，尽管格瓦拉叮嘱卡西莱斯在行动中千万要小心，可在两个月后，他还是听到了这位老战友阵亡的噩耗。

但无论如何，危地马拉的革命火种已经被点燃。人民的反政府运动风起云涌，很多学校都停课，学生们组织了规模浩大的游行活动。各种潜藏的革命力量组织在一起，成立了一支反政府的起义军，与政府军打起了游击战。

危地马拉革命斗争的展开，迅速牵动了拉丁美洲别的国家的革命斗争。很快，拉丁美洲各国都像古巴一样，展开了反政府的游击战。对于拉丁美洲掀起的大范围革命运动，格瓦拉非常支持和期待。他一直相信拉丁美洲各国总有一天会联合起来，展开"洲际革命"，打破帝国主义的统治，获得真正的民主和自由。

在拉丁美洲革命风起云涌的时候，古巴内部却出现了不可调和的矛盾。古巴导弹危机过去半年左右，卡斯特罗受邀前往苏联访问。为了尽快搞好苏联与古巴的关系，赫鲁晓夫向古巴承诺了相当大的好处。其中一项，是苏联承诺以高价购买古巴生产的所有砂糖。

考虑到古巴未来的发展，以及美国对古巴实行的经济封锁，卡斯特罗决定恢复和苏联的关系，双方开始在农业和商业上展开合作。

回国后，卡斯特罗马上召开会议，宣布了古巴与苏联关系的复合。同时，他还制定了以后古巴的经济发展方向，削减工业部门的开支和工作人员，重新将种植业，特别是甘蔗种植放到了第一位。

对此，身为工业部部长的格瓦拉强烈反对。他说卡斯特罗这个决定目光短浅，只有工业强国才能在世界上站得住脚。如果古巴放弃工业的发展，全心投入到农业中，那么在下一次的帝国主义侵略中，古巴的社会主义政权就有可能走向覆灭。

而且，古巴革命军付出了极其沉重的代价，才让古巴摆脱了帝国主义的控制，换来了古巴人民难能可贵的民主与自由。如果现在把古巴的经济命脉交给苏联，受苏联的摆布，那和当年的巴蒂斯塔受美国的控制又有什么区别？

格瓦拉曾经几次劝说卡斯特罗继续发展工业，但都被拒绝了。不单如此，两人在南美革命的问题上，意见分歧也非常严重。

为了支持拉丁美洲的革命，格瓦拉在哈瓦那附近建立了一个名为"零度点"的秘密军事基地。在这个军事基地里，有来自拉丁美洲各国的青年战士。他们在这里接受格瓦拉的训练，学习游击战术和马克思主义。

然而，卡斯特罗却不支持古巴继续参与革命运动，他之所以支持格瓦拉建立这样一个军事基地，无非是想借此牵制一下美国人而已。后来在接受美国《纽约时报》的记者采访时，卡斯特罗坦言："如果美国不再敌视古巴，古巴就不会再援助拉丁美洲的革命运动。"

卡斯特罗对美国和苏联的妥协，让格瓦拉觉得这位老战友已经失去了往日的雄心。但无论别人怎么变，格瓦拉对待革命的态度依然坚定。

1963年，委内瑞拉政府截获了一批革命党的武器，其中多数都是苏联和捷克制造。经过调查，委内瑞拉政府发现，原来这批武器是由古巴提供的。于是，有很多舆论猜测，这批武器很可能是格瓦拉派人送来的。

当记者问到委内瑞拉截获武器的问题时，格瓦拉承认武器是经他之手送过去的，然后他充满激情地说道："拉丁美洲人民的解放道路，需要经历枪林弹雨的考验。在革命运动上，古巴已经树立了典范，只要拉丁美洲人需要，我就会伸出援助之手，这也是我现在唯一能为革命做的事了。"

其实，在古巴革命胜利后没多久，格瓦拉就觉得自己在古巴已经没有什么价值了。后来，拉丁美洲掀起了大范围的革命运动后，格瓦拉更是对自己的处境感到苦闷不已，他曾经在信中对好朋友说："现在，我每天做的就是待在办公室里，而世界上还有很多国家的人都在为革命理想出生入死。我真的不愿意再这样活下去，虚度了自己大好的年华。"

说者无意，听者有心，格瓦拉的这些言行，让古巴在外交上陷入了种种被动之中。古巴很多官员对格瓦拉都颇有微词，就连卡斯特罗也开始与格瓦拉产生了隔阂，两人很少再在私下里谈心了。偶尔，因为公事格瓦拉去见卡斯特罗，可每次出来，脸上都是阴沉沉的。

之后，格瓦拉在古巴露面的次数越来越少，也不怎么发表讲话。可当他出席国际会议时，说话的内容越来越激进，和卡斯特罗的关系也越来越陌生。慢慢地，格瓦拉便产生了离开古巴的念头。

第八章　迷失在刚果

1. 出访各国

1964年12月初，联合国召开国际会议。所有出席会议的领导人都穿着西服，但只有一个人身着绿色军装，嘴里叼着古巴雪茄，他就是格瓦拉。在联合国会议上特立独行的表现，让他再一次成了世界关注的焦点。

在会议上，格瓦拉发表了激情洋溢的发言，他先是说到了世界上很多小国被帝国主义压迫的情况，并呼吁这些国家要奋起反抗。同时，他希望各个军事大国尽快停止核试验，然后进行全面裁军。最后，他再次强烈要求美国停止对古巴的封锁行动，让古巴的经济尽快发展起来。

联合国会议结束后，格瓦拉回古巴准备了一架飞机，开启了他的全球访问之旅，前往亚洲、非洲等各国访问，首先去的是位于非洲北部的阿尔及利亚。

阿尔及利亚的总统本·贝拉是一位热心的革命拥护者，他非常欣赏格瓦拉，而格瓦拉对他的印象也是非常好。两人一见面就热情地攀谈起来，他们都会说西班牙语，在沟通上非常顺利。据本·贝拉说，他之所以懂西班牙语，主要是因为他的故乡曾被西班牙势力入侵。提起侵略者，两人都痛恨不已。

后来，在格瓦拉离开的时候，本·贝拉还承诺说，将阿尔及尔的一栋房子提供给格瓦拉，供他建设非洲的秘密训练基地，武器也由阿尔及利亚官方提供。第一站的访问，非常顺利地结束了。

12月25日，格瓦拉离开阿尔及利亚，开始访问非洲其他国家，其中主要是一些刚刚革命后独立或是还在革命中的国家。他先到了正处于革命中的国家马里和刚果，然后又去了刚刚独立的加纳和达荷美。结束访问后，他回到阿尔及利亚的首都阿尔及尔，之后坐飞机前往了法国巴黎。

格瓦拉非常喜欢巴黎这个城市，他一直梦想着能来巴黎旅行一趟。现在真的来到巴黎，他显得格外兴奋。在巴黎这座美丽的城市，他暂时放下了革命工作，好好地放松和游览了一番。

外出时，他和在古巴一样，穿着一件土黄色大衣，戴着一顶贝雷帽，叼着一根雪茄。很多法国人都被这位奇装异服的人吸引，其中有一些对格瓦拉比较熟悉的人甚至还对着他大声喊："嘿！伙计，你可真行啊，穿得跟古巴的格瓦拉一样。"在巴黎放松了两天后，因为国事需要，格瓦拉又回到古巴，开始了繁杂的工作。

第二年春天，格瓦拉受命访问中国，但这只是一次短暂的旅行，当时中苏关系紧张，而古巴正站在苏联那一边，自然不能和中国走得太近。简单地访问了中国后，格瓦拉再一次去了法国，在巴黎停留了几天，参观了罗浮宫。然后，他又前往了非洲，仔细观察了坦桑尼亚和刚果的革命。

这一次非洲之行，给格瓦拉留下了深刻的印象。特别是坦桑尼亚之行，让他对非洲的革命有了一个更清楚的认识，他曾经这样描绘过坦桑尼亚的革命军："一大批打着争取自由旗号的士兵驻留在这里，革命对他们来说不像是一种革命，而是一种职业。他们靠着这种职业营生，捞到'油水'之后就直接搬进舒适的酒店里居住了。"

显然，面对这群思想觉悟低下的士兵，格瓦拉觉得有些难以接受，真想不到有些人参加革命仅仅是为了养家糊口。这和古巴那些为了自由而不惜牺牲性命的士兵相比，简直不可同日而语。

随着行程的展开，格瓦拉对非洲的革命前景越来越不乐观，心情也越来越沉重。1965年2月，他去了阿尔及利亚，参加在阿尔及尔举办的亚非团结经济讨论会。

会议中，格瓦拉显得有些失控，讲话的内容非常激进，但他的矛头并不是指向这些非洲国家，而是那些引导着非洲革命的东欧社会主义国家。格瓦拉认为，非洲的社会主义革命之所以出现种种问题，最主要的原因是东欧援助国家的态度不正确。

例如，有些东欧国家援助了坦桑尼亚后，竟然直接开出发票，并要求坦桑尼亚尽快支付。面对这种情况，格瓦拉显得气愤异常，他大声说道："这种做法根本称不上是援助，从某种程度上来说，这些社会主义国家就像是帝国主义剥削者的帮凶。而作为真正的社会主义国家，他们有道德上的义务，需要与西方的剥削国家划清同谋关系，给予非洲革命者真正意义上的支持。"

后来，作为革命胜利者的代表，格瓦拉还在会议中提出了一种新的国际关系：首先，要放弃现行的国家专利许可，在知识和技术上要做到公平转让，让各个国家都能够掌握先进的技术；其次，尊重其他国家的文化，前去援助别国的技术人员要做到入乡随俗，尊重别国的环境、语言和风俗习惯等；最后，国际债务上进行重新谈判，尽量减轻穷国的外债。

另外，格瓦拉对当时苏联的一些做法也提出了批评，说作为社会主义的领头羊，苏联更需要一种援助他人的精神。

这一番言论，在世界上引起了广泛的影响。在社会主义阵营里，除了格瓦拉外，还没有任何人敢这样在公开场合直接指责苏联。后来，格瓦拉的演讲传到了各个国家的大学里，在左派大学生中间迅速散播开来。

3月2日，格瓦拉前往埃及首都开罗，他和埃及总统纳赛尔关系很好，而且也相信纳赛尔是个绝对靠得住的社会主义人士。到了开罗后，格瓦拉和纳赛尔商议，他想要带一个黑人兵团偷偷地去支援刚果革命。但纳赛尔却不支持这一做法，他说："你是白人，根本不可能一直把身份隐藏起来。而如果美国政府发现你带着军队参加刚果革命，他们会说你这是武装干涉，到时候，美国人也一定会参战。总的来说，弊大于利。"

在纳赛尔不停的劝诫下，格瓦拉暂时放弃了带领部队支持刚果革命的计划，起身返回了古巴。

2. 亲友告别信

来到古巴哈瓦那机场，妻子阿莱伊达带着孩子们，正站在那里等他。和妻子以及孩子们一一拥抱后，格瓦拉并没有回家。因为卡斯特罗派专车来接他，有事商议。于是，格瓦拉坐着卡斯特罗的专车，来到哈瓦那郊外的一栋别墅里会见卡斯特罗。在这里，两人一直畅谈了几十个小时。

但关于这一次谈话，他们到底说了些什么，没有人知道。一直保持有写日记习惯的格瓦拉，并没有在日记里提及这次谈话。同样，在卡斯特罗的回忆录里，一点也没有提及这件事。后来，有人向卡斯特罗询问这次谈话的内容，但他却一直采取回避的态度。

显然，这次谈话对格瓦拉的影响非常深远，让他坚定地做出了后来的种种举动。

这次长谈过后，3月份的时候，格瓦拉给自己的母亲写了一封信，并托朋友罗霍带给她。但罗霍因为别的事情先去了一趟欧洲，然后才返回了布宜诺斯艾利斯。格瓦拉的母亲收到信的时候，都已经快一个月后了。

在信中，格瓦拉告诉母亲，自己即将不再担任工业部部长了，他要退下来，去甘蔗地做一名普通的劳动工人。在信的结尾，格瓦拉还反复叮嘱母亲，千万不要来古巴找他。

看完信，格瓦拉的母亲马上给罗霍打电话，请他立刻赶过来。当时格瓦拉的母亲已经患了癌症，罗霍还以为是老太太的病情恶化，就赶紧开车来到她家。看到罗霍，格瓦拉的母亲把信递给了他，说："你看看这个。"罗霍接过信，看了一遍，也不是很清楚格瓦拉的意思。然而，没过多久，他们就明白格瓦拉想说什么了。

3月22日，古巴工业部召开工业会议，格瓦拉参与了这次会议，当时他还是工业部部长，这也是他最后一次在古巴公众场合露面。在会议中，格瓦拉和往常一样，对古巴工业这一年来的情况进行了总结，会议结束时，他笑着说："不久在甘蔗田见。"这是他最常用的告别语。按照格瓦拉的习惯，每周他都会去甘蔗田参加一天的义务劳动。

其实，开完会之后，格瓦拉就已经不再管理古巴的工业事务了。接下来的几天，他生活得非常轻松，他在家里读读书、看看报，有时也会陪妻子和孩子聊天、玩耍。而此时的格瓦拉已经打定主意要离开古巴了，他一直在思考着怎么和家人告别。

一天，在吃午饭的时候，格瓦拉突然问妻子："一些古巴军人牺牲后，他们的妻子一般都改嫁没有？"妻子回答："大多数都改嫁了。"这时，格瓦拉指着桌上的饭菜，意味深长地对妻子说："既然如此，你现在给我做的这顿饭菜，也可以做给别人吃。"

　　格瓦拉在古巴待的最后那段日子，一切都充满告别的味道。他把自己珍藏的很多书籍全部送给了朋友，在里面附上自己告别的话语。他的童年好友格拉纳多收到一本关于古巴甘蔗的著作，在扉页上写着："我没有什么留给你做纪念。我要在时代的列车上安装两个轮子。梦想是没有国界的，直到子弹降临到我的命运里。"

　　他的战友何塞·阿吉拉尔则收到一本《革命战争回忆录》，里面的赠言带着不祥的预兆："是该动身的时候了。我把它留给你，但愿它不是遗物。"

　　几天之后，古巴官方报纸上刊登了一篇消息，说格瓦拉已经辞掉了所有的职位。格瓦拉的朋友纷纷来电询问，到底发生了什么事。格瓦拉解释说，不是他要主动辞职的，而是因为他的某些思想观念和信仰不能被古巴领导人所容忍，最终双方协定，格瓦拉辞去工业部部长一职。对于自己要离开古巴的事，他却只字未提。

　　3月31日，在真正要离开古巴前，格瓦拉写下了几封告别信，分别给卡斯特罗、父母、妻子以及孩子们。而关于写给卡斯特罗的那封信，人们一直怀疑是不是格瓦拉亲笔写下的。从格瓦拉的性格和当时要离开古巴的情况来看，他和卡斯特罗之间存在着不小的矛盾。但在那封信中，格瓦拉却对卡斯特罗极尽赞美："在最初打游击时，我没能够完全信任你，这是我一生中犯得比较严重的错误。幸好我很快了解到你的革命素养，认识到你是一位伟大的导师和革命家。真心感谢你对我的教导，给我树立高尚的榜样。"这显然有些不合常理。

但无论如何，两人的友谊确实笃深，很有可能是格瓦拉觉得马上要离开老朋友了，就没有必要再说些令人伤心的话。至于他们之间的矛盾，相信对方都已经做到不言自明，不须再拿出来絮叨一遍。

在给父母的信中，更是充满了离别时的伤感，格瓦拉深深地感觉到，以后可能再也见不到自己的父母了，他在信的结尾时说道："现在，我在浓厚兴趣的支撑下，磨炼一股强烈的意志，这股意志将会支撑我疲惫的身体，让我一直坚定地走下去。请你们怀念一下这个小小的战士。"

最后，在留给妻子和孩子的信中，格瓦拉告诉他们："你们一定要好好反省自己，时刻审查自己内心，想一想你们每天所做的事，是否公平，是否对不起别人。这是作为一个革命家，最起码的品质。"言语中流露出了一个父亲对孩子的期待。面对亲爱的孩子们，格瓦拉还送给了他们一首聂鲁达的诗《别了》，来表达自己对孩子依依不舍的感情："没有什么东西能把我们系住，没有什么东西能把我们绑在一起，我喜欢海员式的爱情，接个热吻就匆匆离去。我要走，我心里难受，可我心里总是很难受。"

4月1日早晨，格瓦拉真正要坐飞机离开古巴了，但他没有对任何人说，当然也没有用自己的真实身份。他带着两个保镖，三人扮作商人的模样，利用假护照登上了去往非洲的飞机。到了坦桑尼亚的首都达累斯萨拉姆后，格瓦拉并不想暴露身份，即使和坦桑尼亚的总统私交很好，他也没有去见自己的这位老朋友，而是住在古巴驻坦桑尼亚大使馆里。

3. 刚果的革命运动

格瓦拉这一次来到非洲，早就定好了作战目标。即靠着古巴革命成功的作战经验，帮助刚果取得革命胜利。至于为什么要把目标定在刚果，中间有着非常复杂的历史背景。

1885年初，刚果河南面的地区都是比利时国王的私有土地，在这一地区，建立了"刚果自由邦"。刚果矿产储藏量非常丰富，有大量的工业钻石和钴，以及占有全世界一半以上的铀矿。美国制造原子弹的铀矿来源便是刚果。

1908年，迫于社会舆论的压力，比利时国王把刚果地区卖给了比利时政府。为了巩固对刚果地区的控制，比利时对刚果的统治极其残酷，他们竟然想让整个刚果人民与外界的文明世界隔离，所有外国的书刊、报社等一律严禁进入刚果。

比利时的愚民政策让刚果的大多数人都处于文盲状态，一直到1960年，刚果大约有一千四百万人，其中只有二十几个大学生，而接受过中学教育的人还不足三万。

经历过第二次世界大战后，刚果地区人民的自主意识也来越强烈，他们强烈要求比利时政府给予他们相应的主权。最终，比利时国王无奈地宣称，刚果地区会取得独立权，但这一过程需要逐步实现。根据博杜安一世给出的计划，刚果会在1964年完全取得独立。

然而，刚果的民众却早已完全不能忍受这种奴役式的生活了，在卢蒙巴的领导下，成立了"刚果民族运动党"，1960年5月，刚果人民选举卢蒙巴担任总理兼国防部长，一个月后，刚果宣布脱离比利时，正式独立。

但卢蒙巴的政治经验浅薄，刚果政府成立没多久就被推翻，冲伯在比利时政府的帮助下，取得了刚果南部地区的控制权。1961年1月，押送卢蒙巴到加丹加，很快杀害了他。于是，刚果陷入了非常混乱的局面。

面对刚果的局势，格瓦拉觉得根据自己的经验和力量，可以帮助那些仍然正在进行革命的刚果战士，取得刚果地区的真正独立。他从古巴的战士中选取了十几个黑人，然后带着他们进入刚果参加革命战斗。但这些黑人战士并不知道领导者就是格瓦拉，格瓦拉按照斯瓦希里语给战士起了新名字，每个人的名字都是一个号码。格瓦拉是三号，名字叫"塔图"。

马上就要投入战斗了，格瓦拉的内心非常激动。他命令战士极尽可能带上每一个武器装备，就这样，十几个战士跟着格瓦拉开始了刚果的革命征程。他们从坦桑尼亚出发，一路向西来到坦噶尼喀湖，乘船渡过五十公里宽的湖面，就可以到达刚果。格瓦拉和刚果的革命军商议好，4月23日夜晚，他们在刚果的吉邦巴码头会合。

4月23日傍晚，格瓦拉带领着黑人战士坐上一只小木船，开始划着通过坦噶尼喀湖。上船的时候，木船出现了一点问题，大家都有些犹豫。这时，格瓦拉对他们讲起了自己刚参加古巴革命时八十多个战士坐"格拉玛号"的经历，然后，他又说："我们古巴战士是英勇无畏的，现在木船上的这点问题根本算不了什么。"黑人战士被格瓦拉的精神感染了，他们趁着夜幕，坐上木船驶入坦噶尼喀湖。

显然，这段航程也是充满惊险。4月份刚果的雨季原本已经结束，可没想到，木船进入湖中没多久，天又下起了大雨。湖面上刮起风浪，小木船忽上忽下、摇摆不定，几次都差点翻船。后来，格瓦拉问大家，是不是都会游泳。他已经打算等船翻了以后，带着大家游到对岸去。

幸好，小木船挺过了风浪，安全地到达了对面。这时，他们能看到守卫刚果边境的巡逻队不时地在湖边出现，格瓦拉命令大家偷偷地进入吉邦巴。到达码头，他们并没有看到接应的刚果游击队员。没有人来接应，格瓦拉只好在码头等待。

直到天明，这些古巴战士都已经感到绝望的时候，一小队刚果游击队总算是来到码头。格瓦拉以为这些人肯定是碰上了敌人，才耽搁了时间。可没想到，据这些游击队说，他们的迟到仅仅是因为一些无关紧要的事。这一刻，格瓦拉似乎预感到，参加刚果革命将会是自己一次失败的经历。

等真正加入刚果革命战斗的时候，格瓦拉真正意识到："这是自己参加的一次彻底失败的革命经历。"因为与刚果人的社会文化背景完全不同，他与当地人就连交谈都存在很大的问题。在刚果的革命队员中，只有两三个人稍微会点法语，能和格瓦拉沟通。参加战斗的时候，格瓦拉不得不带着一个翻译来磨磨蹭蹭地解释自己的命令。

另外，由于刚果大多数人都没接受过教育，他们不相信枪炮，而是信任一些巫术。曾经有一位刚果游击队将领告诉格瓦拉，他们找到了一种神奇的巫术，可以避免自己被敌人的子弹射中。对这样的事，格瓦拉感到很无奈，他曾在日记本里写道："我始终担心，这种迷信活动搞到后来，受罪的还是我们。如果因为迷信打了败仗，他们不会反省自己去破除迷信，而只会怨我们提供的帮助不足。好几次开会的时候，我都和他们的领导人讨论这个问题，然而根本无济于事。显然，巫术早就成了他们的一种信仰。"

其实，最大的分歧还是双方在思想意识上的差距。格瓦拉所认为的革命，是为了国家和人民不受帝国主义的压迫，不惜牺牲自己的性命也要抗争到底的神圣运动。而刚果人完全不是这种看法，包括刚果的革命领袖在内，他们并不认为敌人是帝国主义。在刚果游击队员心中，只要能打倒冲伯，夺得属于刚果人的权利即可。

更要命的是，刚果的革命领袖几乎没有对战士做过思想动员，很多游击队员甚至以为他们的敌人就是白人。有一次，几个刚果士兵见到格瓦拉便问："你这个白人为什么会在这里？我们打仗不就是为了消灭你们白人吗？"

正是由于这个原因，这里的革命军队战斗力极差，简直是一盘散沙，很少有士兵认认真真地训练。不打仗的时候，他们往往会找几个人喝喝酒、打打牌。也有人干脆托人弄来几张通行证，跑到坦桑尼亚去玩乐。

这一切，都让格瓦拉觉得不敢相信，他很困惑地在日记里写道："他们吃喝玩乐的钱谁来出？这样的革命也算是革命吗？"

4. 母亲去世的悲痛

看到刚果革命是这种情形，格瓦拉再一次迷茫了。后来，很多刚果士兵染上了疾病，格瓦拉不得不恢复自己医生的身份，帮助这些士兵救治。

这样的士兵又怎么会打仗呢？果不其然，一次，古巴中尉带领着几个刚果游击队员侦察敌情。刚果士兵一看见敌人的哨兵吓得转身就跑，一边跑还一边喊："是冲伯的兵，我们赶快逃命吧。"友军的这种表现，让古巴战士愤恨不已。

古巴战士经过长期的训练和实战，全部都是纪律严明、英勇善战的正规军人。而这些刚果游击队员给人的感觉更像是一群寄生虫，他们拿革命的身份挣得一些外快，好出去吃喝玩乐，至于军事上的事，根本一窍不通。

在刚果，格瓦拉第一次感觉到自己有用不完的时间，他完全不知道自己该干什么。刚果的革命领导人从来没有制订过战斗计划，而刚果的游击队员又完全是一盘散沙，格瓦拉想去教育他们，却没有一个人愿意听他的话。似乎他来到了刚果，对刚果的革命一点作用也没有起到。

刚果虽然处在革命时期，但却很少能看到战争发生。格瓦拉感到非常无奈，他真不知道这样下去，刚果革命什么时候才能取得胜利。不久，格瓦拉患上了严重的失眠，晚上一点困意也没有，他只好起来读书或是写东西。白天也没什么事干，他就请来当地的一个小孩教自己斯瓦希里语。作为回报，他会常常和小孩讲一些国外的革命故事。

可能是因为气候的原因，格瓦拉在进入刚果一个月左右的时候，又染上了疟疾。疟疾须用抗生素来治疗，但格瓦拉对抗生素过敏，没有办法，他只好每天吃大量的奎宁。然而，奎宁对疟疾的治疗效果不是很好，格瓦拉的身体开始变得越来越虚弱。到后来，他几乎连吃饭的力气都没有了。

在格瓦拉染上疟疾的时候，他的母亲却已经病危了。而格瓦拉从古巴出发的时候，并没有对外宣扬。随着格瓦拉在古巴的失踪，古巴关于他的谣言也是铺天盖地，而且大多数都是往坏的方面猜测，甚至有人说他精神出现了问题，被政府送进了精神病院。

5月10日，格瓦拉的母亲因为到了癌症晚期，不得不住进斯塔普霍尔医院。可几天之后，医院就想将她赶走，因为她儿子是一名思想极端的共产党，这会让医院的名声蒙受损失。

16日，格瓦拉的一位朋友给身在古巴的格瓦拉的妻子阿莱伊达打电话，说格瓦拉的母亲已经病危了，她想见格瓦拉最后一面。可阿莱伊达也不知道格瓦拉到底去了哪里，她拿着电话，不知道该怎么跟母亲解释。这时，格瓦拉的母亲似乎也意识到了什么，她对罗霍说："算了，格瓦拉肯定是遇到了什么麻烦。"三天后，格瓦拉的母亲在自己家里安然去世了。最终，她还是没有能够见上自己的儿子。

又过了几天，负责国际革命行动的奥斯马尼来到刚果，同时，他还为格瓦拉带了三十几名古巴战士。和格瓦拉见面之后，他先是闲扯了一阵，然后，才静静地告诉格瓦拉母亲去世的消息。安慰了格瓦拉几句之后，奥斯马尼离开了刚果。

听到母亲去世的消息，格瓦拉没有哭，也没有说话，他只是一个人静静地躺在了吊床上。这时，塞拉格医生赶过来，防止原本身体就很虚弱的格瓦拉再出什么意外。格瓦拉沉寂了很长一段时间，然后开始说起自己童年的故事。他也不管塞拉格医生有没有在听，只是一直独自一人在说话。后来，声音渐渐变小，声音也越来越不清晰，中间夹杂着哽咽。

故事差不多讲完后，格瓦拉突然告诉塞拉格医生，他想喝马黛茶。塞拉格烧茶的时候，格瓦拉坐在火炉旁，独自唱起了家乡的歌曲。其中，大多数都是一些探戈音乐。

比起其他的音乐旋律，探戈显得较为悲苦。在19世纪80年代，很多移民来到布宜诺斯艾利斯，这些身在异乡的人，常常会去酒馆和舞厅里玩乐来慰藉自己，探戈音乐便是起源于此。所以，在探戈音乐里，我们往往能感受到一丝游子情怀。

在格瓦拉唱歌的时候，塞拉格虽然听不懂他唱的是什么，但从格瓦拉那深沉、悠长的歌声中，他却能感受到格瓦拉心中那一股深深的悲痛。

此时，格瓦拉急需一场战争，或许只有参与到理想的革命之中，他才能暂时忘却伤痛。可刚果游击队拖拉的性格让人绝望，他们一直等待着刚果东边的游击队将领卡比拉下达作战命令，但卡比拉却从来没有联系过他们。现在，格瓦拉唯一能做的，就是在一间破旧的房子里无止境地等待。

在等待期间，格瓦拉想帮助刚果训练士兵，可他们根本就不听他的命令。格瓦拉让刚果士兵去搬运粮食，这些士兵就嚷道："我们不是运输车。"一对他们讲起古巴战士是如何训练的，他们便反驳："这又不是古巴，我们也不是古巴人。"

进入刚果以前，格瓦拉认为只需要用四五年的时间，就可以在刚果取得革命胜利。可现在看来，别说取得胜利，连战争他们都不会打。格瓦拉在日记中绝望地写道："刚果的游击队不是一群革命家，而像一群寄生虫，他们不愿意学习，也不知道集训，更不懂得怎么打仗。一天到晚就知道吃喝玩乐，还要人民出钱来供养他们，用辛勤的劳动来养这帮寄生虫。照这个情形，刚果革命必然会面临失败的结局。"

5. 在刚果的惨败

不久，又有一批古巴战士在国际人士的帮助下，来到了刚果基地。其中，还有两个人是格瓦拉的老战友。格瓦拉见到老战友，心情终于舒缓了一些，三个人在一起开心地聊了半天。但当他们聊到刚果革命的时候，格瓦拉开始不停地叹息。他已经来刚果几个月了，到现在，却连一场像样的战斗也没有打过，真不知道刚果革命还怎么继续下去。

到了7月底，他们终于参加了一次战斗，这次参战部队由四十名古巴人和一百多名刚果人以及卢旺达人组成。装备也非常好，有反坦克火箭筒、机关枪，还有一门大炮。比起格瓦拉他们在古巴作战时的武器，不知精良了多少倍。然而，这次战斗格瓦拉并没有参与，刚果游击队领袖卡比拉可能是出于安全考虑，让格瓦拉留守阵地。

虽然武器装备和打游击的人数都很充足，但这一场战斗还是失败了。战斗一打响，刚听到枪声，有一二十个卢旺达人就想逃走，而其他的刚果人和卢旺达人也没有打仗的意思。据古巴战士德雷克说，只有古巴人在组织着和敌人战斗。而刚果人和卢旺达人先是看到敌人就胡乱开枪，子弹很快用完后，他们就开始往回跑，根本就不按照之前制定的部署战斗。可想而知，这场战斗自然是遭到了惨败。三个古巴人和十几个刚果人阵亡，另有五六十人受伤。

战斗结束后，这些勇猛的古巴战士对刚果革命完全失去了信心，和这样一群散漫又胆小的人一起战斗，实在是令人寒心。

为了给古巴战士打气，格瓦拉为那些刚果人和卢旺达人极力辩护，可战斗的事实摆在那里，无论怎么说，好多古巴战士还是都流露出去意。后来，一名叫锡泰尼的古巴士兵直接对格瓦拉说，他想离开刚果。锡泰尼也是格瓦拉的一名老战友，在古巴马埃斯特腊山打游击的时候，他就一直陪在格瓦拉身边。而这一次，他却执意要离开。最终格瓦拉还是劝他留了下来，但从此以后，他几乎再也没有说过一句话。

在刚果的这段日子，格瓦拉的疟疾一直没有治好，而且哮喘病也发作得更频繁了。仅10月份，他就瘦了二十多公斤。整个人看上去骨瘦如柴，非常虚弱。

可就在格瓦拉在刚果病魔缠身时，古巴的卡斯特罗却提前宣布了他的"死期"，古巴媒体并不知道格瓦拉已辞去自己在古巴的职位。连续几个月，工业部部长都不见踪影，古巴媒体不知道原因，美国CIA更是焦急，他们认为格瓦拉一定是躲起来搞什么"阴谋"。古巴的国民也议论纷纷，有人说格瓦拉被秘密监禁，也有人说他到越南去做军事顾问了……

1965年10月，就在人们胡乱臆测格瓦拉的去向时，卡斯特罗给出了一个惊人的答案。在古巴共产党成立大会上，他宣布了格瓦拉前往刚果时留给自己的告别信："我想该是分手的时候了，我以后不会继续在古巴承担责任。但是，临终前，我回忆的一定是这个民族，特别是你。"而在会场的一侧，格瓦拉的妻子阿莱伊达身穿黑色丧服，端坐在那里。看到这一幕，所有人都相信格瓦拉已经去世了。

当时正在刚果为革命发愁的格瓦拉听到这个消息后，非常吃惊道："这封信只有在我死时才能读，现在读了这封信，就好像是活生生地把我给埋掉了，这可不是什么好事。"然而，在沉吟了片刻

切·格瓦拉传

后，他暗自叹了一口气，无奈地对战友说："无论怎么说，我似乎都要被赶下国际舞台了。"

其实，卡斯特罗这么做，主要是出于政治上的考虑，格瓦拉作为国家的工业部部长而消失这么久，卡斯特罗必须要给公众一个交代。只要他公开格瓦拉的"遗书"，不仅能消除公众的种种猜忌，也能为格瓦拉赢得一个好名声。做这件事之前，可以说卡斯特罗是经过深思熟虑的。但这样一来，就完全断绝了格瓦拉返回古巴的可能。而令格瓦拉想不到的是，他的厄运并没有在此结束。

不久之后，在一个下着大雨的夜晚，刚果革命军的营地外突然响起了枪声，一队雇佣兵对他们发动了偷袭。机警的古巴战士立即起身拿起武器准备战斗，格瓦拉也急忙起身，发现刚果人竟然还在睡觉。愤怒的格瓦拉立刻命人拎来几桶水把刚果人泼醒，可没想到刚果人醒来后听到枪声就吓坏了，他们开始落荒而逃，格瓦拉率领几名古巴战士抵挡一阵后，也开始撤退。这一战虽然没有太大损失，却让格瓦拉对刚果革命更加失去了信心。

但即使如此，格瓦拉还是不想就此离开刚果，他说："无论如何，我也不能做逃兵，让这群可怜的革命战士留下来遭难，任由那些残忍的雇佣兵杀害。"为了尽可能扭转刚果的不利局势，格瓦拉提议游击队横穿刚果，前往利奥波德维尔，因为那里还有一支游击队。然而，这意味着他们要徒步走一千多公里，穿过一片原始的热带森林，游击队里几乎没有任何人愿意这么做。

又过了几天，眼看刚果革命已经毫无希望，格瓦拉终于决定放弃了，他带着古巴战士渡过坦噶尼喀湖，走出这个伤心之地。出了刚果后，格瓦拉坚决要和战士们分开，因为他已经不能回到古巴了。

临行前，他对这些老战友说："你们回到古巴，在享受圣诞大餐的时候，一定要记得这个民族还在遭受屈辱，那些留在刚果的战士还生活在阴暗的地狱里。"大家百感交集，有几个人甚至哭了出来，而格瓦拉没有再说话，挥挥手让他们离开了。后来，格瓦拉在日记中写下了当时的感觉："在刚果生活的那段时间，我深深地感觉到了孤独与无奈。我一生曾数次漫游世界，可是不管在古巴还是别的地方，我从来没有这样伤心和痛苦过。"

之后，格瓦拉回到古巴大使馆，连续封闭式地住了3个月。每天他都疯了一样地抽雪茄，结果导致结核病又犯了，一直咳嗽个不停，头发长了也不梳理，全部乱糟糟地披在肩上。而且由于他经常不吃饭，整个人看上去异常消瘦，身高一米七五的他，体重还不到五十公斤。

在"自我禁闭"的这段时间，格瓦拉在反复思考一个问题，他不明白为何自己将全部的精力都献给了刚果革命，可结果还是败得那么惨。想来想去，格瓦拉觉得责任还是出在自己身上，他在日记中写道："后来，我一直在房间里读书，也许我的性格孤僻暴躁，和战士们之间很少有交流，我不知道他们的想法，只是想着把自己的观点强加到他们身上，最终，我失败了。是的，如果不理解战士们的心情，只能得到这样的结果吧。"

6. 新的革命目标

出于自责，也是出于对革命的信任，经过三个月的"反思"后，格瓦拉决定选择一个新的目标，再一次投身革命之中。而这时古巴内务大臣埃斯特拉达来到大使馆，他奉卡斯特罗的命令，请格瓦拉回古巴去，格瓦拉却不答应。

其实，格瓦拉虽然不愿回去，但还是非常思念古巴的，因为他的家人、朋友、战友等等一切都在那里。据埃斯特拉达回忆说："我们除了吃饭，整天就待在卧室不出来。可切却耍了个心眼，他从使馆一个同志口中得知，不远处一家电影院正在上映一部关于东京奥运会的电影，其中有古巴选手在百米赛跑中获胜的片段。他想到电影院亲眼看看。我说，'司令，你不能去，这太冒险了。'可他还是趁我不注意，与使馆那位同志去看了。"

然而，格瓦拉始终认为自己已经不能再回古巴了，为了避开埃斯特拉达的烦扰，他乔装打扮，前往捷克共和国的首都布拉格。在布拉格，格瓦拉停留了四个多月，可由于担心别人认出自己，他几乎从来不出门，每天埋头写作。这段时间，一个崭新的革命计划在他脑中形成了。

通过总结刚果革命失败的教训，格瓦拉认为他们不应该在非洲战斗。因为他对非洲的情况知之甚少，而且拉丁美洲与非洲的文化背景以及意识形态格格不入，他根本无法很好地领导非洲人战斗。所以，格瓦拉觉得自己应该重新把目标定在拉丁美洲，选来选去，最终他把目标定在了玻利维亚。

在拉丁美洲，玻利维亚只是一个不怎么受人关注的小国，但这个国家却并不平静。人们的日子过得比较苦，玻利维亚的主要收入锡矿出口被美国的几个大公司垄断，很多矿工的收入连温饱都难以维持。因此，玻利维亚时常有起义发生，领导人也连续换了好几个，却一直没能改变国内的形势。

后来，埃斯登索罗当选总统，他以民族主义为口号，把锡矿收为国有。然后，他又进行了土地改革，让农民有了自己的土地。但这却触犯了美国大资本家以及玻利维亚贵族的利益，很快他就被迫下台，由副总统西莱斯接任。但西莱斯没能很好地发展经济，导致国内通货膨胀日益严重。

1964年，曾在美国留学的巴里恩托斯担任了玻利维亚总统。巴里恩托斯也是一个亲美派，他上任的第一件事就是镇压左翼的民族主义革命党，抓捕并流放了很多游行的工人和学生，这引起了玻利维亚人的强烈不满。

在分析了玻利维亚的局势后，格瓦拉觉得革命在玻利维亚的成功机会非常大。因为玻利维亚有着广泛的群众基础，只要他率游击队进入玻利维亚，一定会得到学生、农民和矿工的支持。而且，玻利维亚不比非洲，他们完全不用担心语言不通的问题，这可以保证双方的战士能够顺畅地交流。

另外，格瓦拉选中玻利维亚还有个原因，就是地理位置优越。玻利维亚毗邻安第斯山脉，这让格瓦拉想到了古巴的马埃斯特腊山，他们可以把安第斯山脉当作革命根据地，把政府军打垮。等玻利维亚的革命胜利后，他们更可以借此把革命之火传输到拉丁美洲各国，这当然也包括格瓦拉的祖国阿根廷。

但事实证明，格瓦拉的想法过于乐观了。玻利维亚人虽然为了反抗压迫经常进行起义，但他们的目的不是为了推翻政府。通常来说，政府只要承诺给矿工稍微提高一些工资，他们就会放弃武装斗争。至于玻利维亚的农民，斗争多数都是在各个村子之间展开，他们为了争夺地盘相互斗殴，根本不会想到与政府作对。而革命如果不能得到众多反政府力量的支持，孤军作战，那结果必然是走向失败。

但格瓦拉显然没有为这些事烦恼，他在布拉格制订了计划后，立即派遣自己的下属马丁内斯·塔马约去往玻利维亚拉巴斯，尽快组建一个游击队。马丁内斯来到玻利维亚后，找到玻共中央委员因蒂，以及格瓦拉几年前就已经安插在玻利维亚的间谍塔玛拉。

塔玛拉是一个年轻漂亮的女孩，出生于东德。由于怀着对革命的热情，她也参加了古巴革命。革命胜利后，她一直在格瓦拉手下工作。1964年，格瓦拉给塔玛拉传去命令，让她改名劳拉·马丁内斯，去玻利维亚准备展开革命行动。

于是，塔玛拉以历史学家及作家的身份，来到玻利维亚拉巴斯。在格瓦拉的暗中帮助下，她很快就成了一家著名电台主持人，进入玻利维亚上流社会。因为年轻漂亮加上很有才学，塔玛拉和很多政府高官都攀上了交情。后来，她在玻利维亚和大学生马利奥结婚，拥有了玻利维亚国籍，成了格瓦拉最重要的眼线。她在秘密工作中也有一个外号，叫"塔尼娅"。

1966年7月，格瓦拉派遣自己两个最得力的助手庞博和图马也赶到拉巴斯，协助马丁内斯。他们奉命在玻利维亚的僻静之处买一个庄园，作为以后的军事基地。格瓦拉准备建立一个训练大本营，将来好为拉丁美洲各国培养优秀的革命战士。

庞博和图马四处找寻，终于在玻利维亚南部发现了一个合适的庄园。庄园的地理位置非常理想，不仅周围人烟稀少，而且还靠近玻利维亚的几条主要输油管道，他们可以借此来打击玻利维亚的经济。可唯一不足的是，距离庄园三公里的地方有一户人家，这个人还有些来历，名叫西罗，曾担任过卡米里市的市长。两人仔细掂量后，还是买下了这里，他们觉得一个原市长不会对基地造成什么大影响。

事情敲定后，他们向格瓦拉做了详细的汇报。格瓦拉很满意，而接下来，就是要抓紧时间训练出一批战士了。

第九章 玻利维亚：受难曲

1. 古巴训练营

1966年7月，虽然极不情愿，但格瓦拉还是回到了古巴。因为他想借助古巴的力量，训练出一批优秀的军人，带去玻利维亚。经过刚果革命的失败，格瓦拉深深地认识到，只有自己训练出来的军人才是最可靠的，才有可能在环境异常艰苦的情况下，再一次创造革命奇迹。

秘密回到古巴后，格瓦拉从部队中挑选出十几名精英，其中有五名少校（当时的古巴最高军衔）、七名上尉以及五名中尉。对这十几个人，格瓦拉都非常了解。

其中马钦少校、阿贝特·德奥卡少校、苏亚雷斯·加约尔中尉都曾和格瓦拉共事过。在格瓦拉在古巴任职工业部部长时，马钦少校担任工业部副部长，是他的直系手下。阿贝特少校任矿业部主任，苏亚雷斯中尉任糖业部副部长，两人都是格瓦拉的老战友。

还有五个人是古巴革命政府中央委员会委员，他们分别是胡安·阿库尼亚少校、安东尼奥·桑切斯少校、埃利塞奥·雷耶斯中尉、奥兰多·潘托哈中尉，以及格瓦拉最早的战友之一曼努埃尔·埃尔南德斯中尉。

另外的九个人中，有三个人曾担任过格瓦拉的保镖，每个人都对他十分忠心。他们分别是黑人"图马"、拉米雷斯和何塞·塔玛约。其余也都是卡斯特罗或格瓦拉的亲信，伊斯雷尔·雷耶斯是劳尔的部下，格瓦拉参加刚果革命时他就追随其身边；雷内·塔玛约是卡斯特罗的直系手下，隶属情报部门……

人员找齐后，格瓦拉给他们每个人都起了一个化名。这样做是为了到达玻利维亚后，干扰敌人的视线。之后，他们还都准备了各自的假护照、假身份，以及一个小册子，里面详细介绍了他们的新身份和生活背景。

接下来的时间，就是开始军事训练了。虽然这十几个人都曾在古巴身居高位，但在格瓦拉这里参与训练时，他们都回到了一个普通士兵的身份。每天清晨五点他们就要起床训练，训练的内容主要是射击、山地行军，同时还要学习文化课，以及两种新语言：法语和凯楚阿土语——印第安人的流行语言，这样一直训练和学习到晚上十一点。

有时，卡斯特罗也会过来帮忙巡查，有时还会不停地审查士兵们的证件，看他们有没有记住自己的假身份，以及能不能从容应对盘查。其实，除了假身份外，格瓦拉还准备对每个人都进行一番"化装"。

8月，有人通知训练营的战士们，说有个名叫"拉蒙"的人将来到这里检阅部队。战士们认为，这个西班牙人很可能是他们的行动领袖，因此他们一个个振奋精神，在训练营外列好了队伍。

可没想到，前来检阅的"拉蒙"并不像军人。只见他穿着一套颜色艳丽的西服，打着领带，脚上则是一双油光锃亮的皮鞋，头上已经谢顶，嘴里还叼着一个烟斗。看上去，他完全是一个长相猥琐的小资本家。而历过战争洗礼的古巴战士，最瞧不起的就是这种小资产阶级。

拉蒙慢悠悠地从队伍面前走过，这时，陪伴他检阅队伍的古巴军人问道："拉蒙先生，这就是我们的战士，您感觉他们怎么样？"拉蒙满脸的不屑，他说："这算什么战士，我感觉他们就是一群废物。"大家听到这个猥琐的小商人如此说，都憋了一肚子火，领队的战士语带讥讽地说："废物？恐怕大多数士兵远不如我们这群废物吧。"结果拉蒙又说了句："废物就是废物，还有什么好说的。"

就在很多战士握紧拳头，准备狠揍这个可恶的小商人时，突然有个人惊叫起来："他就是切，我们真是笨蛋，这都没看出来。"果然，小商人拉蒙把头上、脸上的化装去掉，大家就看到了神采奕奕的格瓦拉。这是格瓦拉的一次试验，结果很成功。通过情报部门的整形专家的化装，格瓦拉竟然连共事多年的战友都能欺骗！这样通过化装后，就不用再担心别人认出他们了。

在古巴训练士兵的这段时间，格瓦拉从来没有回过家。他认为自己已经和家人写过告别信，就没有颜面再回家了。可训练快结束时，格瓦拉突然接到传令兵回报，说他的妻子阿莱伊达坐车来了。格瓦拉非常生气，坚决不去和妻子见面。就在气氛异常尴尬的时候，卡斯特罗赶来劝说，格瓦拉总算肯见了妻子，并决定回去和家人团聚几天。

然而，即使去见自己的孩子，格瓦拉也需要隐藏身份，免得孩子们无意把自己的消息透露出去。他化装成西班牙商人"拉蒙"后，回家去看自己的孩子。这是格瓦拉最后一次和孩子们见面，却不能听到他们叫自己"爸爸"。临出门前，格瓦拉送给妻子一盒录音带，里面是他为妻子朗诵的几十首爱情诗。

格瓦拉重新回到训练基地后，立即和战士们交代了详细的行动计划，并让他们做好随时牺牲的准备。然后这十几名古巴战士，一起奔赴玻利维亚，准备燃起新的革命火焰。可谁也想不到，他们面对的是多么灰暗的未来，而最终活着回到古巴的只有三个人。

2. 革命中的分歧

11月，格瓦拉带着战士们奔赴玻利维亚。这一天距离他乘坐"格拉玛号"前往古巴参加革命已经十年了，很多东西都变了，母亲去世了，昔日一起出生入死的好战友卡斯特罗也已渐渐变得生疏。而他也由原来乐观活泼的青年，变成了现在成熟稳重的中年人。只是有一点从来没变过，就是他那颗对革命的热心。

这一天，他在自己的日记本里写道："今天，一个崭新的阶段开始了。"虽然此时在刚果的失利阴影时而还会袭扰格瓦拉，但他仍然对玻利维亚的革命充满信心，觉得他们一定能为拉丁美洲点燃一把长明的革命火炬。

接着，由卫兵庞博和图马陪同，格瓦拉来到玻利维亚卡拉米的秘密军事基地。这是一个完全独立的基地，最近的人家离这儿也有几十公里远。几天后，其他古巴战士也逐次、分批来到这里。虽然行动已经非常小心了，但还是有人注意到了他们。其实，这完全是误打误撞，他们最近的邻居卡米里市的原市长西罗把他们当成了毒贩，认定格瓦拉所在的军事基地是制造可卡因的毒巢。但为了不惊动这群"毒贩子"，西罗暂时并没有对他们采取行动。

基地条件很艰苦，主要设施就是一间铁皮屋，周围被灌木丛环绕，里面全是一些带着尖刺的植物。战士们每次进入丛林都要带一把砍刀，即使如此还是会遭受不小的皮肉之苦。而且这里有各种各样的小虫子，大家被这些饥饿的虫子叮咬得痛苦不堪。在这段日子，格瓦拉的日记里记载的几乎都是对害虫的咒骂。

由于需要长期在这里待下去，格瓦拉带领战士们准备把这里重新修整一番。他们搭建了几个新木棚，做了一些长凳以及几张桌子，挖了简易的厕所，然后在附近的山洞里设置了一部大型发报机，后来还有人帮格瓦拉弄了一个烘面包的烤炉。

几天后，开始有新兵陆续来到这里，格瓦拉显得很兴奋，他脸上洋溢着笑容，忙来忙去地迎接新兵。11月27日，玻利维亚的联络人科科带来了三名当地的战士，又过了三天，五个国际战士来到基地。

人多打起仗来固然是好事，可管理起来同样令人头疼。其中，那几个玻利维亚战士最让格瓦拉为难，因为他们只愿服从玻利维亚共产党的命令，根本不听格瓦拉的指挥。此时，一些古巴战士也存在问题，特别是帕乔和马科斯这两位少校。他们本领确实不小，但可能是由于做过一段时间的高官，现在总是不服管教，除了格瓦拉，谁也不能支使他们。

通过指挥权这件事就能看出来，玻利维亚共产党并不信任格瓦拉。玻利维亚共产党成立于1950年，自成立以来他们就不支持武装斗争，认为这是一种"鲁莽"的行为。可为了不得罪其他国家的共产党，他们采取了一个圆滑的策略：玻利维亚共产党不介入武装斗争，但如果其他国家的共产党需要援助，他们一定会提供物资和钱财。总之，玻利维亚共产党认定一件事，就是不在自己境内打仗。

而格瓦拉来玻利维亚的最主要目的，就是依靠武装斗争帮玻利维亚取得革命的胜利。对此，玻利维亚共产党第一书记蒙赫非常不满，而令他更加不能容忍的是，格瓦拉竟然带领一群古巴人在玻利维亚建立军事基地。在他眼中，这根本就是卡斯特罗准备干涉玻利维亚内政的阴谋。所以，蒙赫一直都对格瓦拉避而不见。

直到12月31日，格瓦拉才和蒙赫第一次碰面。在交谈中，蒙赫直截了当地向格瓦拉提出了三点意见：第一，玻利维亚共产党不能参加游击队，为了支持格瓦拉，他本人愿意辞去第一书记的职务，参加战斗；第二，他会游说拉丁美洲其他国家的共产党，尽量给游击队换来更多的国际支持；第三，凡是在玻利维亚国内进行的武装斗争，他要求必须得到军事和政治上绝对的领导权。

蒙赫提出的这三点意见，格瓦拉对前两点不置可否，可第三点意见，他是绝对不同意的，特别是军事领导权。格瓦拉知道蒙赫从来没有打过游击战，他只是曾受过短期的训练，根本不能指挥战斗。格瓦拉当即就对蒙赫表示："军事领导是我，这一点绝对不能改变。"于是，会谈就此中断了，蒙赫拂袖而去。

临走前，他想要带着基地的玻利维亚战士一起离开，但没有人愿意走。蒙赫对他们说："如果我们的人民知道这支游击队的领导是个外国人时，相信他们不会再支持你们。到时你们只能英勇地死去，永远没有成功的可能。"蒙赫的"宗派主义"思想没有得到认同，只好独自一人离开了基地。

蒙赫的所作所为让格瓦拉很反感，他曾在日记中写道："玻利维亚共产党不懂也不支持革命，他们抓住军事领导权这一点不放，其实是想以此为借口和我们断绝关系。"

实际上，格瓦拉对玻利维亚共产党的看法也是片面的，他没有意识到蒙赫的话虽然显得有些教条，但却很有道理。想要发动革命战争，就必须要得到人民的认可和支持，否则不可能取得胜利。而且格瓦拉也没有仔细考虑过，游击队与玻利维亚共产党决裂的后果有多严重。游击队现在是在玻利维亚战斗，没有玻利维亚政党的支持，他们会失去所有的援助，武器、药品、食物等，都没办法得到补充。更可怕的是，玻利维亚所有的势力都可能把他们当作敌人，这也为他们日后的失败埋下了伏笔。

3. 痛苦的行军

此时的格瓦拉还是一门心思把精力都放在了游击队的发展上。可不久之后，游击队的"邻居"西罗开始有行动了。一天傍晚，他神神秘秘地跑过来，表示想要合伙经营海洛因生意。对于这样一个奇怪的要求，格瓦拉自然是直接命人拒绝了。然而，西罗这次来的真实目的是为了刺探情报，第二天就有警察过来搜查，基地人员急忙把所有东西都隐藏起来，才躲过了盘查。

1967年1月26日，又有两个玻利维亚人来参加游击队。现在，格瓦拉的游击队共四十人，这些人来自拉丁美洲各地，古巴、玻利维亚、秘鲁、阿根廷等，称得上是一支复杂的国际部队。到了2月初，格瓦拉准备带领他们进行一次军事行军，设定了二十三天的行军路程。这次行军有两个目的，一是为了集中训练一下游击队的耐力，二是想要与玻利维亚的农民多做些接触，好了解一下这个地区。

可让格瓦拉想不到的是，这次行军计划彻底失败了。原本二十三天的路程，他们用了四十八天才走完，一路上经历了难以想象的波折，不仅没有实现原定的目的，还极大地挫败了游击队的士气。游击队中有很多人都有写日记的习惯，而这段时间所有人的日记，无一不是充满痛苦和怨恨的。

行军出发时，为了挑战游击队的体能，格瓦拉让每个人都背了五十斤重的东西。然而，由于路上没有补给，游击队缺乏装备和食物，行军不到一个星期，所有人都感到疲惫不堪。有几个人鞋子坏掉后，只好光着脚走路。格瓦拉在日记中写道："队伍变得十分疲惫。我瘦了好几斤。背部受了伤，有时感觉疼痛难忍，但勉强还能坚持行走。"

有几个人曾劝格瓦拉改变计划，把路线缩短一些，但格瓦拉不同意，他认为游击队必须要通过这些考验。而当他们按路线渡过格兰德河时，食物已经吃完了，每个人都很饥饿。2月10日，游击队来到一个村庄，有个热情的农民送给他们一些玉米做干粮。这个农民叫罗哈斯，战士们都很感激他，格瓦拉在这里拍下了一张照片。照片中，他留着长头发、长胡子，手里拿着烟斗坐在树干上，身边还围着罗哈斯的孩子。此时的格瓦拉怎么也不敢想象，六个月后，这个看上去挺老实的农民罗哈斯竟然出卖了他的队友。

游击队虽然在村庄得到了一些资助，但却完全不能解决他们的粮食问题，而格瓦拉又无法联系上玻利维亚共产党。无奈之下，游击队员只好充当猎人，在附近的丛林中捉到什么就吃什么，可即使如此，饥饿还是一路困扰着他们。很多人都饿得四肢浮肿，行军速度越来越慢，所有人都快坚持不住了。

到1月23日——行军计划的返回日，游击队才走了一半多的路程。格瓦拉的日记中写着："对我们来说，这一天是黑暗的，我们咬紧牙关，努力坚持。可是，我们真的已经很疲倦了，爬上山顶时，我感觉头晕晕的。"

痛苦的行军让战士们的脾气都变得异常暴躁，两个古巴战士马科斯和帕乔不知为了什么事争吵起来，最后甚至拿出刀子要拼个你死我活。此时心情糟糕的格瓦拉狠狠地训斥了他们一顿，连一旁的图马因没有劝架也遭到了批评。

大家都变得很消沉，特别是古巴的战士，他们因为对格瓦拉的崇拜和信任才加入到玻利维亚的革命中。可现在联系不上玻利维亚共产党，他们被孤立了，前景很迷茫，而领袖格瓦拉又总是指责他们，实在难以继续坚持下去。其中格瓦拉最坚定的追随者里卡多私下里对庞博说："切犯了一个错误，他不应该指责我们。我们来这里就是因为对他的信任和承诺，如今落到这般田地，并不是我们的责任。"

2月15日，格瓦拉的脾气变得稍微好了一些，因为这天是他长女伊尔达的生日。伊尔达是格瓦拉最疼爱的孩子，自出生以来，她就很少和父母团聚在一起，格瓦拉总觉得很亏欠她。晚上，格瓦拉抽时间给女儿写了封信，这也是他的最后一封家信。

经过一个多月后，游击队终于返回了基地，可等待他们的却是更不幸的事。由于西罗不停地派警察调查，格瓦拉离开没多久基地就暴露了。在基地看护的两个玻利维亚人被警察逮捕，之后他们便出卖了游击队，把很多详细的情报告诉了警察。而格瓦拉由于行军计划拖延了二十几天返回，才避免被警察伏击。

基地暴露，格瓦拉只好带领部队撤离到几十公里外的地方。撤离的途中，他们意外地遇到了塔尼娅——格瓦拉在玻利维亚安排的最重要的间谍。身为间谍，她原本应该舒服地待在玻利维亚上流社会中，随时给格瓦拉传递政府的动向。但这时她却和另外几名战士在一起，执意要参加战斗。

看到塔尼娅，格瓦拉非常生气，他命令塔尼娅立即回去。但塔尼娅却坚持要留下来，格瓦拉震怒地质问她，究竟是谁让她来的。塔尼娅眼含着泪水回答："我自己，我的革命良心。"虽然很生气，最终格瓦拉还是同意让她留下来。

但事实证明，塔尼娅轻率的做法确实给游击队带来了极大的麻烦。她来参加游击队时开来一辆吉普车，车里有个背包，里面装满了革命组织的文件、资料和通讯录。由于吉普车没藏好，这些宝贵的资料全部被政府拿走了。格瓦拉的游击队和新基地被曝光，玻利维亚政府立即派大批军队赶到尼阿卡瓦苏河地区，着手消灭游击队。

此时，格瓦拉的情绪非常低落，来到玻利维亚后，一次又一次的挫败让他再也难以保持冷静。他常常把怒火发泄到战士们身上，这让所有人对革命都渐渐失去了希望。

4. 越来越糟糕的形势

3月23日清晨，游击队在玻利维亚打响了第一战。当时，政府军前去格瓦拉的新基地搜寻，却在途中遭到游击队伏击。短短几分钟，政府军就被打败了，格瓦拉他们消灭七人，俘虏十四人。俘虏们交代了政府的围攻计划，有数千名政府军已经包围了附近的区域，现在正一点点地缩小包围圈。得到这些消息，格瓦拉就没有再为难俘虏，对他们宣传革命道理后，就把他们全放了。

接下来的几天里，游击队开始和政府军周旋。此时的格瓦拉仍然对革命抱有希望，3月底部队做总结时，他告诉战士："本月总的形势具有如下特点：这是一个彻底巩固和纯化游击队的阶段，是一个开始战斗的阶段，也是一个敌人开始反击的阶段。"

但格瓦拉不知道，美国人已经介入，他们派遣了一位极具反游击战经验的人拉尔夫·W.谢尔协助玻利维亚。而最致命的是，游击队已经和外界完全失去了联系。他们虽然有一台收音机可以听新闻，却没有电报机，不能向外界求援，游击队的处境越来越危险了。

4月10日，游击队和政府军发生了一场遭遇战，格瓦拉的老战友，代号"黄毛"的古巴战士牺牲了。格瓦拉没有流泪，但从目光中可以看出他是多么愤怒与悲伤。当天晚上，格瓦拉组织游击队打了一场伏击战，消灭了七人，俘虏了二十七人，也算是为"黄毛"报了仇。

被俘的政府军中有一名军官，名叫桑切斯。他原本认为自己肯定会死，可游击队不仅没杀他，还替他们包扎疗伤。桑切斯非常感激游击队，被释放后，他拿着格瓦拉写的信件《告玻利维亚人民书》，送到玻利维亚左派报纸《自由新闻》上发表。格瓦拉想借此来宣传和扩大游击队的影响力。

文章发表后，确实在玻利维亚引起了轩然大波，但同时也彻底激怒了玻利维亚政府。政府军加强了对游击队的追捕，想尽快把这股革命力量消灭。

看到宣传起了效果，格瓦拉似乎又看到了希望。这时，他想起来部队中有一个法国记者德布雷，以及一个国际友人布斯托斯，这两个人算是游击队的客人。格瓦拉立即安排人尽快把他们送出玻利维亚，只要这两人把游击队的消息传递出去，他们一定能得到古巴和国际社会的声援。

于是，格瓦拉把部队一分为二，一部分由华金率领，继续和政府军做斗争。格瓦拉亲自带着几十名战士，想办法护送两位客人离开玻利维亚。出发时，格瓦拉告诉华金他三天左右就能回来，可他们这一次却成了永别。

在政府军的严密防范下，格瓦拉他们只能在包围圈中来回兜转。发现根本出不去，格瓦拉就想先和华金会合，但却一直没办法联系上他。死亡距离游击队越来越近。

这时，游击队抓到一个自称记者的人，名字叫乔治，拥有英国、智利两国国籍。他说自己在《自由之箭》报社工作，想写一篇关于玻利维亚战争的报道。这对游击队来说可谓是雪中送炭，格瓦拉立刻把德布雷和布斯托斯交给他，让他帮忙把他们安全带出玻利维亚。

送走他们后，格瓦拉心想游击队终于能得到援助了。可在第二天，收音机里就传来了乔治、德布雷和布斯托斯被捕的消息，格瓦拉刚升起的一点希望又破灭了。

乔治、德布雷和布斯托斯被抓起来后，遭到了警察的严刑拷打。其中，德布雷最坚强，宁死也不肯出卖游击队，如果不是一个好心的军官阻拦，他很可能被玻利维亚的警察活活打死了。而这个好心的军官，就是之前被俘虏的桑切斯。

然而，乔治和布斯托斯就没有德布雷那么顽强了，特别是布斯托斯，被抓后没两天，他就写了两万多字的供词，把自己所知的游击队情报都说了出来。玻利维亚政府知道了游击队的领导人是格瓦拉，现在化名为"拉蒙"，游击队的人数，队员们的名字，以及游击队武器的隐藏点和秘密通道。他们甚至还得到了二十张游击队员的精准画像。

布斯托斯的出卖，让游击队陷入空前的危机之中。他们的隐藏地点被一一找到，被迫和政府军打了几场遭遇战。很多人都牺牲了，包括格瓦拉的老朋友埃里塞斯·雷耶斯。他的牺牲让格瓦拉悲痛不已，他在日记中写道："我失去了一位最好的战友，从小时候起，我们就是玩伴。在参加古巴革命时，他是第四纵队的交通员。他的死让人心痛不已，我原来还想让他指挥游击队开辟第二战线。"在日记的结尾，格瓦拉引用了聂鲁达《献给玻利瓦尔的颂歌》中的诗句，来表达内心的悲伤："你虽然身躯弱小，可却是一位英勇的上尉，在这个广袤的宇宙中，留下坚定的形象。"

在4月底，格瓦拉再次做总结时，再也没有了之前的自信。

5. "教皇"被捕

被政府军步步紧逼，游击队已经是穷途末路。他们的装备和食物都耗尽了，大部分时候只要捉到猎物就直接活剥生吞了。更可怕的是缺乏药品，陆续有人因为伤口感染而死，顽疾哮喘几次差点要了格瓦拉的命。

政府军的追击一日紧过一日，越来越多的战士阵亡。6月26日，游击队再一次与政府军遭遇，战斗中，图马腹部中弹而亡。多年来图马一直担任格瓦拉的保镖，两人一起出生入死过很多次。在图马战死这一天，格瓦拉在日记中伤痛地写道："我感觉自己就像是失去了一个儿子。"格瓦拉的另一个保镖庞博腿部也中了一枪，在队友的掩护下才勉强逃得性命。

到了8月份，游击队可以说完全崩溃了，无论是身体还是心理上，他们都没有了战斗的欲望。有好几天，他们没吃一点东西，很多人甚至连站立的力气都没了。眼前的形势让格瓦拉一度想到投降，他觉得一切都在和游击队作对，就连平时帮他们驮背包的小驴子，最近也经常把东西掀翻在地。

与此同时，游击队另一支由华金带领的部队，也是在绝望中挣扎着。先是几个玻利维亚人逃走了，在游击队被出卖后，政府军就一直死死地盯上了他们。接下来的战斗中不断有人牺牲，到了8月底，游击队只剩下九个人。

这时，塔尼娅发起了高烧，华金只好带着他们前往曾帮助过他们的农民罗哈斯家。这次，罗哈斯对他们还是很热情，不仅招待了他们，还给他们指路。但实际上，罗哈斯已经被政府收买，在游击队刚来到他家时，他就悄悄让孩子向政府军告密。

第二天，华金按照罗哈斯所说的路线带着游击队渡河时，被政府军包围。政府军猛烈开火，所有的游击队员都身中数弹，尸体被河水冲走。只有两个人活了下来，一个是玻利维亚人帕科，另一个是医生迈姆拉，但均被逮捕。

这时，玻利维亚政府还在增派军队，其中包括几百名由美国提供精良装备的玻利维亚特种部队，前往游击队的活动地点——格兰德河地区。同时，政府还到处张贴通告，告诉民众只要发现游击队行踪，就立即向政府报告。

9月26日，游击队遭遇了政府军的伏击，这时早已筋疲力尽的游击队根本无力应战。格瓦拉指挥大家一边反击，一边往丛林里撤退，结果又有三人在交战中牺牲，还有两个玻利维亚人趁着混乱逃走了。现在，游击队只剩下十七人，其中还有一个重伤员，三个病号。而大批的玻利维亚政府军还在不停地围剿他们，几乎每个人都放弃了生还的希望。

到了10月初，从玻利维亚循环播出的电台广播中游击队得知，他们已经被近万名政府军合围，并劝他们尽快投降。队伍里所有人的脸上都写满了恐惧和疲惫，这时只有格瓦拉还保持着镇定，他一声不响带着队伍行进。前面遇到了一个陡峭的小山坡，大家早已累得不想动弹，而格瓦拉则奋力爬上去，然后伸手把战士们都拉上来。

即使面临绝境，格瓦拉坚定的意志仍然没有动摇，这也是很多古巴战士誓死跟随他的原因。贝尼格诺说："每当需要勇气、需要胆量、需要钢铁般的意志时，切就在我们身边，让我们能够从容地面对死亡。"

10月8日，这一天格瓦拉似乎已经预感到了自己即将被捕的命运，在他日记的最后一页，没有对革命的激情，也没有对处境和未来的担忧，有的只是宁静与安详。

中午，格瓦拉准备派三组人侦察周围的情况，但侦察小组刚出去，外面就响起了枪声。政府军已经发现了他们的藏身之地，现在正以扇形冲杀过来。格瓦拉急忙带着人往背后的峡谷中逃，暂时躲藏在一片灌木丛中。下午，政府军开始搜寻灌木丛，很快他们就找到了游击队，接着机枪一阵扫射，将游击队仅剩的十几个人打散了。格瓦拉的右腿中了一枪，维利扶着他撤退，他们沿着一条狭窄山路向上攀爬。

但就在上面，一个政府军士兵端着机枪抓捕了他们。然后他回头向不远处的另一个人喊："普拉多上尉，抓到了两个游击队员。"上尉应声走了过来，手中拿着玻利维亚政府搜集的游击队资料。还没等他询问，格瓦拉先出声道："我就是切·格瓦拉！"听到这句话，上尉惊叫了一声："教皇！我们竟然抓到了教皇！""教皇"是政府军给格瓦拉起的抓捕代号，也显示了格瓦拉的身份之重。

稍稍平复了一下激动的心情后，上尉立即向政府军总部做了汇报，说："我们抓到了教皇和维利。教皇身上有轻伤，战斗仍然没有停止。"总部回复让他把格瓦拉押送回来。

6. 英雄的象征

上尉并没有像对待其他犯人一样把格瓦拉捆绑起来，而是和另外一个士兵扶着他慢慢往回走。其间，格瓦拉要求喝水、抽烟，上尉一一应允。凌晨，他们从山上下来，进入附近的一个小村子，格瓦拉暂时被关押在村子的小学中。

第二天清晨，一名二十岁左右的小学女教师来教室拿工具，她的名字叫胡利亚·科尔特斯。进入教室，科尔特斯便看见了全身衣着破旧不堪的格瓦拉，她微微欠身说了声："您好。"看到有人进来，格瓦拉友善地点点头，随口问道："你是这里的老师？"

"是的。"科尔特斯轻声回答。格瓦拉又笑了笑，然后抬头指着她身后的黑板说："黑板上的西班牙文是你写的吗？"科尔特斯点了点头。"上面有一个音符标错了，'会'字不应该是双重音。"格瓦拉认真地为她指出了其中的错误。

在生命的最后时间里，格瓦拉仍然像个慈父一样和科尔特斯轻松地聊着天，可能是科尔特斯让他想起了自己的孩子们。格瓦拉自从投身革命以来，就很少再照顾过家人。虽然他对自己献身革命无怨无悔，但每次想起家人，特别是孩子们，他还是觉得非常愧疚。

科尔特斯离开后，格瓦拉一个人在教室里静静地坐着，等待命运的判决。中午，普拉多上尉接到上级传来的秘密命令："立即杀死所有的俘虏。"据普拉多猜测，玻利维亚政府可能是害怕国际共产组织干预，到时再想杀格瓦拉就会面临很多压力，所以他们才会决定尽快处死格瓦拉。

在执行枪决前，美国特工为格瓦拉拍了几张照片。照片中，格瓦拉目光阴沉，衣服破破烂烂，头发和胡子又长又乱，而且整个人瘦得可怜。接着特工问格瓦拉还有什么要说的，格瓦拉静静回答说："我在想，革命是不朽的。"10月9日下午1点，玻利维亚士兵特朗进入教室，对着格瓦拉的腹部开了九枪。一个革命领袖去世了。

格瓦拉被处死后，政府军派来一架直升机，载着他的尸体前往瓦列格兰德，送进了一家医院里。医生在格瓦拉的尸体注射了少量甲醛，防止尸体腐烂。之后两个修女给格瓦拉做了一番清洗，还帮他梳理了头发和胡子。

而瓦列格兰德这个原本很少有新闻的小城，也因为格瓦拉的到来，突然涌入了无数记者，人人都想见识一下这位拉丁美洲的革命战士。也不知是什么原因，格瓦拉原本紧闭的眼睛这时却是睁开的，眼神清澈，嘴角也浮出一丝笑意。记者们纷纷拍摄这位传奇英雄的遗照。

遗照在报社发表后，英国评论家约翰·伯杰说："看到格瓦拉遗照的第一眼，我立即想到了一幅名画，它就是曼特格纳的《基督之死》。在那幅画中，基督的容貌和神情都和格瓦拉的遗像非常相似。唯一不同的是，基督身上盖着毯子，而格瓦拉穿着军裤。"

格瓦拉去世的消息很快就传到了古巴，古巴举国哀悼。卡斯特罗把格瓦拉去世这一天定为"英雄游击队日"。十天后，卡斯特罗在古巴革命广场上为格瓦拉举行了祭祀活动。广场上人山人海，很多格瓦拉的老战友都失声痛哭起来。

而在格瓦拉最后参与的玻利维亚革命战争中，还有三名古巴战士幸免于难。卡斯特罗通过和玻利维亚政府交涉，第二年3月，把这三名战士接回了古巴首都哈瓦那。但玻利维亚政府拒绝交还格瓦拉的尸体，并声称尸体莫名失踪了。

直到20世纪90年代，玻利维亚完成政治民主改革后，古巴才得到寻找格瓦拉遗骨的机会。据玻利维亚军方留下的资料，格瓦拉死后不久，便被埋在卡尼亚达。现在那里是一个被弃用的飞机场。

得到格瓦拉遗骨的消息，古巴和阿根廷联合组建了一个搜寻小组，用了几个月的时间，终于在机场附近发现了一个墓坑，里面有七具遗骨。经法医鉴定，二号遗骨就是格瓦拉，骨骸上还有几个弹孔，位置完全符合当年的验尸报告。1997年7月12日，格瓦拉的遗骨终于返回了古巴，被安置在圣克拉拉市的一座陵墓里。

格瓦拉遗骨被发现的事再一次引起了世界的轰动，几乎所有的著名媒体都打出了这样的标题："切回来了！"除了古巴战争，格瓦拉可以称得上是一个屡战屡败的人，但即使如此，人们仍然把他当作英雄，被他的狂热、正义、英勇和理想所征服。这正如法国学者福柯所说："格瓦拉的光辉成就并不在于他能够取得胜利，而在于将现实化为符号。"

确实，科达当年为格瓦拉拍下的那张照片，已经成为革命和叛逆的象征。人们拿着他的画像，在欧洲、美国乃至全世界举行游行示威，很多人还把它印在衣服上以示纪念和崇敬。作为一个左派革命者，格瓦拉可以说是当代最完美的人，因为他教给了我们怎样勇敢地去为追求自由而战斗。

附录

切·格瓦拉生平

1928年6月14日，切·格瓦拉在阿根廷罗萨里奥诞生。年幼的时候，因为父母照顾不周，他得了缠绕他终生的顽疾——哮喘病。在疾病影响下，直到十岁格瓦拉才恢复了一个正常孩子的生活，进入学校学习。

在读中学四年级时，格瓦拉开始接触哲学，刚开始他对工程学很感兴趣。但在他即将毕业时，祖母安娜的病逝给了他不小的打击。为此，格瓦拉决定转而学医，并进入了布宜诺斯艾利斯大学。

上大学时，每年暑假，格瓦拉都会到拉丁美洲各国旅游。1951年，格瓦拉休学一年，和自己的好朋友阿尔贝托·格拉纳多一起环游拉丁美洲。这一段旅行，给格瓦拉留下了深刻的印象，他被拉丁美洲人民的贫穷与苦难所震惊。这一时期，他的国际主义思想逐渐形成。

大学毕业后，格瓦拉第二次旅行拉丁美洲。这一次，他制定了详细的旅行路线，想要再仔细见识一下拉丁美洲各国的真实情况。其间，他路过民主国家哥斯达黎加时，被这个国家的人民深深打动了。从此，格瓦拉开始笃信共产主义，相信只有遵循共产主义路线，才能将拉丁美洲的种种困难解决。不久，他来到墨西哥，遇到了一生中最重要的朋友——菲德尔·卡斯特罗。

当时，卡斯特罗正在准备一场战斗，他想带领士兵去往古巴，推翻巴蒂斯塔建立的独裁政府。格瓦拉立即加入了这个革命组织。

经过半年的准备，格瓦拉和古巴战士们一起，坐着"格拉玛号"驶向古巴。

在古巴登陆时，革命军遭遇巴蒂斯塔政府军。由于力量悬殊，装备又不足，他们只好逃亡，最终只有二十人幸存下来。这十几名游击队战士包括格瓦拉，来到马埃斯特腊山和政府军展开游击战。游击战中的出色发挥，让格瓦拉成了部队的领袖之一。在格瓦拉和卡斯特罗的领导下，游击队伍渐渐壮大起来。

1958年，革命军展开反击，一路高奏凯歌。1959年1月2日，他们攻占了古巴首都，巴蒂斯塔匆忙逃往国外。古巴革命胜利后，格瓦拉受命担任了卡瓦尼亚堡监狱的检察长。这一年10月，格瓦拉又意外地成为古巴国家银行总裁。为了能尽好自己的职责，格瓦拉学习了大量的经济学知识，对古巴经济进行改革，还实施了一系列土地改革方案。在格瓦拉的努力下，古巴完成了社会主义改造，建立了完整的社会主义体系。

可是，很快古巴就受到美国的经济封锁。格瓦拉却毫不屈服，他前往苏联，签下了贸易协定。由于这种强硬的态度，格瓦拉的名声渐渐在西方国家传播开来。不久，发生了古巴导弹危机，格瓦拉赶赴莫斯科和苏联谈判。

古巴导弹危机过去以后，格瓦拉与卡斯特罗出现了很多政治上的分歧。格瓦拉觉得自己在古巴已经没有更多的价值，于是，他辞去在古巴的职位，乘坐飞机前往刚果，投入到非洲的革命中。

到了刚果，格瓦拉立即加入了当地的起义军，然后教给他们游击战术。格瓦拉原本想以刚果作为根据地，帮助训练非洲的革命队伍，进而掀起整个非洲的反压迫斗争。

可是，由于刚果人组织起来的部队纪律散漫，内部人员相互钩

切·格瓦拉传

177

心斗角，导致起义连连失败。格瓦拉在刚果丛林里待了七个月，几乎没有取得任何成绩。他十分沮丧，最后决定离开刚果，重新寻找革命目标。

离开刚果后，格瓦拉决定返回拉丁美洲，前往玻利维亚参加革命。这一次，格瓦拉做了充足的准备。他回到古巴，组织了几十名游击队员，然后带上精良的装备，赶到玻利维亚领导革命斗争。

1966年，格瓦拉在险峻山区和玻利维亚政府军展开游击战。一开始，他们确实取得了几次胜利。可是，不久美国派遣一名特种部队顾问帮助玻利维亚政府。这时，刚好格瓦拉的游击队中出现了一名叛徒，他逃到玻利维亚政府军那里，出卖了游击队的营地。

1967年10月8日，格瓦拉带着几名士兵巡逻，突然，玻利维亚特种部队袭击营地，包围并捉住了格瓦拉。第二天，格瓦拉被政府军中士玛利欧·塔兰枪杀。

切·格瓦拉年表

1928年6月14日，出生于阿根廷罗萨里奥。

1929年，举家搬迁到布宜诺斯艾利斯。

1932年，再次搬家到阿尔塔格拉西亚。

1942年3月，被父母安置到国立学校迪安·福耐中学上学。

1945年，开始接触哲学，并编写了自己的"哲学辞典"。

1947年，来到布宜诺斯艾利斯国立大学医学系读书。

1951年12月—1952年8月，偕同朋友阿尔贝托漫游拉丁美洲各国。

1953年3月，大学毕业，第二次漫游拉丁美洲各国。

1954年，在墨西哥行医，后又在心脏病学研究所兼职。

1955年，结识卡斯特罗，加入他的革命队伍，参加"格拉玛"远征的准备工作。

1956年11月25日，乘"格拉玛"号游艇从图斯潘河口出发，前往古巴。

1956年—1958年，参加古巴马埃斯特腊山等地的武装斗争，在战斗中两度负伤。

1958年12月底，指挥部队攻打圣克拉拉。

1959年1月2日，格瓦拉的纵队进入哈瓦那，驻扎在卡瓦尼亚要塞。

1959年6月12日，受古巴政府委派出访各国。

1961年6月2日，同苏联签定经济协定。

1962年8月27日，率领古巴党政代表团赴莫斯科访问。

1964年1月16日，签署古苏技术援助议定书。

1965年4月23日，化名"塔图"，参加刚果革命。

1965年12月，领导刚果革命失败，离开刚果。

1966年11月7日，到达玻利维亚尼阿卡瓦苏河畔的游击队营地。

1967年3月22日，化名"拉蒙"领导玻利维亚游击队开始军事行动。

1967年10月8日，在尤罗山峡战斗中受伤被俘。

1967年10月9日，被玻利维亚特种部队"突击队"杀害，时年39岁。